20대에
쉐어하우스
운영하기

20대 쉐어하우스 운영하기

초판1쇄 2020년 01월 15일

지은이 이데아
펴낸이 이금석
기획/편집 박지원
디자인 제이로드
마케팅 박지원
펴낸곳 도서출판 무한
등록일 1993년 4월 2일
등록번호 제3-468호
주소 서울 마포구 잔다리로9길10
전화 02)322-6144
팩스 02)325-6143
홈페이지 www.muhan-book.co.kr
e-mail muhanbook7@naver.com
Instagram muhanbooks

가격 15,000 원

Isbn 978-89-5601-751-8 (03320)

작은 돈으로 시작하는 재테크의 시작!

20대에 쉐어하우스 운영하기

이데아 지음

무한

목차

목차

7장　번외

1장

왜
쉐어하우스인가?

쉐어하우스를 운영하기까지

필자는 아직 서른이 채 되지 않은 풋내기입니다. 아직 어려서 이런 말을 하기엔 조금 어색하지만, 지난 몇 년을 돌아보면 평범하지 않은 길을 걸어온 것 같습니다.

저는 부동산 중개업에 일찍 발을 들여 현재까지도 계속하고 있으며 에어비앤비와 쉐어하우스를 운영하고 있습니다. 요즘에 20대에 부동산 중개업을 하거나 에어비앤비나 쉐어하우스를 운영하는 분들도 간혹 보입니다만 이 세 가지를 동시에 하는 경우는 좀 드물 거라 생각됩니다. 여기에 조금 더 재밌는 얘기를 하자면, 저는 저의 집을 알아보기도 전에 부동산 중개업에 뛰어들었고, 에어비앤비를 이용해본 적 없이 호스트가 되었고, 쉐어하우스 또한 경험해본 적 없이 관리자가 되었습니다.

이렇게 얘기하면 아마 '가족에게 경제적인 지원을 받거나 가족 중에 관련된 일을 하고 있는 분이 있지 않을까?' 궁금해하실 수도 있겠지만, 안타깝게도 저는 앞서 말한 도움을 받지 않았습니다. 그래서 처음에 시행착오가 매우 많았습니다. 물론 어린 나이에 부동산에 뛰어들어 지금은 여러 상황에 견딜 수 있는 단계에 이르다 보니 일찍 하길 잘했다는 생각도 듭니다. 하지만 당시에는 어린 나이에 많은 걸 병행해서 그런지 아침마다 헛구역질이 나올 정도로 견디기가 무척 힘들었습니다. 그 덕분에 많은 걸 빨리 깨닫고 더 값진 경험이 되지 않았나 싶기도 합니다.

🏠 어린 나이에 부동산을 하면서 느낀 것

필자는 중개업을 하는 지역이 강남이다 보니 대기업에 다니는 직장인을 어렵지 않게 봅니다. 누군가에게 그들은 꿈의 직장을 다니며 좋은 대우를 받으니 부러움의 대상일 수도 있습니다. 하지만 실제로 제가 만난 분들은 야근하고 늦은 시간에 집을 보거나, 업무 중 급하게 집을 알아보는 모습을 보면 역시 대기업에 다니는 것도 아무나 하는 건 아니라는 생각도 듭니다. 그렇다고 대기업에 다닌다고 해서 엄청나게 부유해지는 것 또한 아닌 것 같습니다. 제 손님 중에 신혼부부가 있었는데, 그 부부는 돈을 모아 2년 뒤에 집을 매수할 생각으로 2년간 전세로 살 집을 계약하셨습니다. 하지만 전세로 사는 동안 집값이 너무 상승해서 집을 살 계획이 무산되는 걸 보면 그들에게조차 '내 집 마련'이 어려운 건 마찬가지입니다.

이제는 직장인의 월급만으로 집을 살 수 있는 시대가 아니란 건, 요즘 10대들도 흔히 아는 사실입니다. 그렇다고 무작정 아껴가는 것만이 답일까요? 조금만 시간을 내서 계산해보면 그것 역시 정답이 아니라는 걸 알 수 있고 아껴봤자 그 금액이 크지 않기 때문에 아마 더 막막해질 겁니다.

그렇다고 가만히 있으면 안 될 것 같아서 뭐라도 해야 한다고 생각하지만, 또 막상 뭘 해야 할지 알 수 없어서 오히려 더 답답함을 느끼실 것입니다.

'퇴근하고 다른 부업을 해볼까?'

일단 뭐라도 하겠다고 고민하는 모습에 박수를 보냅니다. 하지만 퇴근하고 우리의 여가를 줄이고 잠을 줄여서 부업으로 저축했을 때 저는 두 가지 의문이 듭니다.

첫째, 짧게는 몇 년, 길게는 십수 년 동안 잠을 줄여가며 일을 하면 과연 몸이 성할까?

둘째, 그 시간을 참고 보내면서 훗날 그 시절에 하지 못했던 것들을 생각해도 후회하지 않을 수 있을까? 이 질문에 필자의 답은 아니라고 생각합니다.

우리의 목적은 잠을 줄여가며 열심히 저축해서 고급스러운 병원에 가는 게 아닙니다. 이런 극기훈련은 이미 초등학교 때 소용없다는 걸 수련회를 통해 깨닫지 않았나요? 삶이 조금 풍요로워지기 위해 음식점에서 돈 얼마를 더 아끼고 소소한 행복을 저버린다고 되는 게 아닙니다. 그럼 도대체 무엇을 어떻게 해야 할까요?

🏠 ⋮ 자면서도 돈을 벌어주는 머니트리를 만들자

우리는 월급 이외에 자면서도 대신 일해줄 머니트리를 만드는 게 중요합니다. 그래야 우리가 조금 더 여가를 즐길 수 있고 조금 더 풍족하게 즐기며 살 수 있습니다. 하지만 돈이 돈을 낳는 자본주의 사회에서 머니트리의 대표적인 예들은 대부분 부동산과 관련이 있습니다. 돈이 부족한 사람들에겐 머니트리가 더욱 필요한데, 역설적이게도 부동산의 특성상, 금액대가 정말 큽니다. 어찌 보면 그래서 많은 분이 알면서도 벗어나지 못하고, 같은 생활을 반복할 수밖에 없는 이유인 것 같습니다.

하지만 제가 이 책에서 소개할 쉐어하우스는 돈이 많지 않더라도 충분히 만들어낼 수 있는 머니트리입니다. 설령, 정말 만에 하나 머니트리가 되지 못했다 하더라도 그 과정 자체가 이미 어떤 나무를 심어도 충분히 머니트리를 만들 수 있는 밑거름이 된다고 생각합니다.

이 책은 은퇴하신 분들도 쉽게 따라 할 수 있게 쓴 책이기도 하지만, 경제적으로 돈이 없고 사회적으로 경험도 부족한 때인 특히 20대들에게 필히 소개하고 싶은 내용이기도 합니다. 요새 20대 SNS를 보면, 흔히 유행하고 있는 'YOLO욜로'라는 말을 자주 씁니다. 욜로란 "한 번뿐인 인생 즐기자"라는 뜻으로 나중을 위해 저축하기보다 현재를 즐기기 위한 소비습관을 말합니다. 제 주변에서도 욜로 라이프를 자처하고 자랑하는 사람들을 흔히 볼 수 있습니다. 근데 그런 친구들과 대화를 해보면 욜로 라이프는 본인들이 선택한 게 아니라는 것을 알고 있습니다. 남들처럼 평범하게 직장 다니며 저축해도 마땅히 할 수 있는 게 없어서 결국 욜로라는 선택지밖에 남지 않은 상황인데, 단지 선택한 것이라 포장하고 즐기는 모습을 자랑할 뿐입니다.

하지만 정말 즐길 수 있을까요? 미래가 암울하면, 현재도 즐길 수 없습니다. 현재를 즐기려면 미래도 희망적이어야 합니다. 그래서 이 책을 읽는 독자분들은 지금부터 저와 같이 '진짜' YOLO를 준비하면 좋겠습니다.

쉐어하우스는 왜 잘 될까?

쉐어하우스란 것을 처음 들어보신 분들이라면, 아마 '도대체 왜 그런 곳에서 살지?'라는 의문이 생겼을 겁니다. 사실 쉐어하우스를 운영하고 있는 저 역시도 처음에 '화장실을 같이 쓴다는 것만 해도 불편한데 친구도 아닌 낯선 사람과 지내야 한다니... 편하게는 못 살겠다'라는 생각을 했습니다. 이 건 비단 저뿐만이 아니라 많은 분이 공통적으로 궁금해하는 것 중 하나입니다. 아무리 쉐어하우스가 원룸과 비교했을 때, 부담 없는 계약 기간과 적은 비용으로도 풀옵션으로 갖춰진 곳에 거주할 수 있다는 장점이 있다 하더라도 그 낯선 사람과 같이 생활해야 한다는 불편함이 더 크게 느껴졌습니다.

하지만 쉐어하우스 호점을 늘려가면서 입주자들의 상황과 공통점을 알아가면서 점점 쉐어하우스가 인기 있는 이유를 깨닫기 시작했습니다. 그 이유는 아래 몇 가지 통계들을 보여드리며 설명하도록 하겠습니다.

먼저 쉐어하우스 입주자들의 주요 수요층을 알면 그 이유를 이해하는 데 도움이 되실 겁니다. 아래는 쉐어하우스 대표 플랫폼인 셰어킴과 컴앤스테이의 자료인데 쉐어하우스 입주자의 남녀 성비와 이용자들의 연령대를 알 수 있는 통계입니다. 입주자는 주로 여성들이 많다는 것을 알 수 있고 특히 그중에서 20대초중반이 많이 이용한다라는 것을 확인할 수 있습니다. 실제

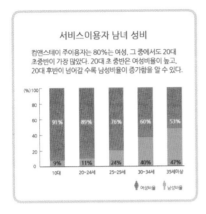

서비스이용자 남녀 성비

컴앤스테이 주이용자는 80%는 여성. 그 중에서도 20대 초중반이 가장 많았다. 20대 초 중반은 여성비율이 높고, 20대 후반이 넘어갈 수록 남성비율이 증가함을 알 수 있다.

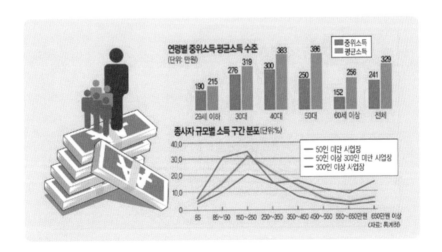

로 제가 운영하는 쉐어하우스에 문의를 준 손님들을 보면 거의 10명 중 9명이 여성이었고, 대학생, 공시생, 학원생, 취준생 사회초년생들이라 나이대도 거의 20대가 가장 많았습니다.

다음은 연령대별 평균소득 상황을 보여주는 통계입니다. 쉐어하우스 입주자들의 주 연령대인 20대들의 소득은 대체로 200만원 전후의 소득을 벌고 있습니다.

사회초년생이라 경험이 부족하고 배워갈 때다 보니 60대 이상을 제외하곤 소득이 제일 낮은 편에 속합니다.

그다음은 원룸과 쉐어하우스의 평균 임대료 비교 통계입니다.

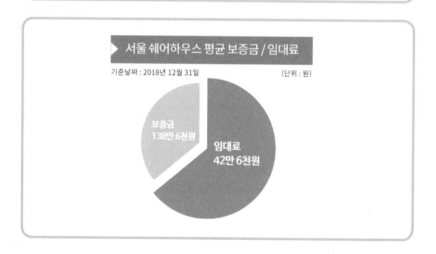

서울 대학가 원룸 평균 월세 보증금 1000만원에 54만원

입력 : 2019.02.04 08:20:13   수정 : 2019.02.04 13:27:48

서울 주요 대학가의 전용 면적 33㎡이하 원룸 월세가격은 보증금 1000만원에 평균 54만원인 것으로 나타났다.

4일 다방에 따르면 작년 1월부터 12월까지 서울지역 주요 대학가 전용면적 33㎡ 이하 원룸 등록매물 5000건의 보증금을 1000만원으로 일괄 조정해 분석한 결과, 12월 평균 월세 가격은 54만원으로 1월과 변동이 없었다.

작년 말 현재 월세가 가장 비싼 대학가는 서울교대로 56만원에 이르렀다. 다만 지난해 1월(61만원)보다 8.20% 하락했다.

▶ 서울 쉐어하우스 평균 보증금 / 임대료

기준날짜 : 2018년 12월 31일   (단위 : 원)

보증금 138만 6천원

임대료 42만 6천원

보시는 것처럼 원룸은 대개 보증금이 1,000만 원 이상이고 월세에서도 차이가 약 12만 원 정도 납니다. 사실 이 통계만 보면 쉐어하우스에 사는 게 오히려 더 이해가 가지 않을 겁니다. 12만 원만 더 내면 혼자 살 수 있다고 판단되기 때문이죠. 하지만 이 통계를 부동산 중개업을 했던 제 시각에서 봤을 때 세 가지의 관점을 덧붙여 살펴볼 필요가 있어 보입니다.

첫째, 현재 부동산 원룸 시장은 쉐어하우스보다 이미 엄청난 포화상태이다 보니 광고에는 허위매물이 많고, 월세를 낮추고 관리비를 높게 설정한 낚시성 매물도 꽤 있습니다. 부동산 광고업계 쪽에서도 이런 허위매물과 낚시 매물을 근절하기 위해 노력하지만, 밀집 지역은 아무래도 일일이 다 확인하기 어렵다 보니 여전히 성행하는 편입니다. 그리고 아무래도 광고이다 보니 대체로 저렴한 매물만 광고에 올라가 평균치가 많이 내려간 것입니다. 쉽게 말하면 시세가 60만 원인 지역에 50만 원짜리 월세와 70만 원짜리 월세가 각 1개씩 나왔을 때 부동산의 열에 아홉 군데는 50만 원짜리 매물을 광고하다 보니 평균치가 많이 내려간 것입니다.

둘째, 위치의 객관성이 떨어지기 때문에 비교가 제대로 되지 않았습니다. 일반적으로 쉐어하우스의 위치는 역에서 도보 5분 내지 10분 정도의 매물들이 대부분이지만 평균을 낸 원룸은 그렇지 않습니다. 거리에 상관없이 집계를 내다보니 평균 금액이 내려간 것이지 아마 쉐어하우스와 같은 위치의 원룸 가격을 비교했다면 금액 차이가 훨씬 더 두드러졌을 것입니다.

마지막으로 쉐어하우스의 주 연령층은 위에 통계를 보시다시피 여성 분들이 대부분입니다. 여기에 덧붙여 필자가 부동산 중개를 하면서 느낀 것은 일반적으로 20대의 여성들이 남성들보다 주거 환경과 내부컨디션에 더욱 민감한 영향을 받는다는 것이었습니다. 그래서 성별을 구분하여 쉐어하우스의 주 수요층인 여성들의 통계를 낸다면 원룸의 임대료 가격은 분명히 더 올라갈 것입니다.

따라서 통계만 비교할 게 아니라 숨어있는 변수도 파악해서 실제 차이는 그 이상이라는 것을 볼 수 있어야 합니다. 그랬을 때 어렵지 않게 짐작할 수 있다시피, 현재 20대들의 소득 상황으론 서울에 원룸에서 월세를 부담해 가며 살기가 매우 버거워 하는 상황입니다. 그리고 그 예상이 틀리지 않았다는 걸 국토부에서 조사한 주거 빈곤층 실태 현황을 보면 알 수 있습니다.

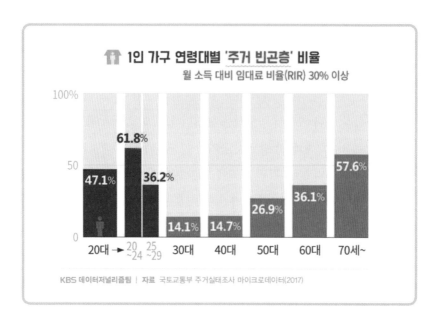

주거 빈곤층이란 소득 대비 임대료 비율이 30% 이상에 속한 층을 말합니다. 현재 20대는 거의 절반에 육박하는 수치가 주거 빈곤층에 속합니다. 그중에서도 25세 미만은 60%를 초과하는 실정임을 알 수 있습니다.

결론적으로 지금까지 설명한 통계들을 종합해보면, 쉐어하우스의 주 수요층인 20대의 대부분은 주거 빈곤층에 해당하고 특히 그중에서도 주거 환경에 더욱 영향을 받는 여성들에겐 서울의 원룸 가격이 매우 부담스럽기 때문에 쉐어하우스로 수요가 몰릴 수밖에 없다는 것을 알 수 있습니다.

물론 원룸보다 싼 주거형태의 대안이 쉐어하우스만 있는 것은 아닙니다. 일명 지옥고(반지하, 옥탑방, 고시원)가 있지만 어감에서 느껴지다시피 주거환경이 매우 열악합니다. 따라서 보안문제나 주거환경이 열악한 지옥고에 살 바엔 차라리 같이 사는 불편함은 있더라도 이쁘게 인테리어 되어있고 여러 가지 조건에서 장점을 가진 쉐어하우스를 더 매력적으로 보는 것은 당연하기 때문에 앞으로도 쉐어하우스의 수요는 더욱 몰릴 것입니다.

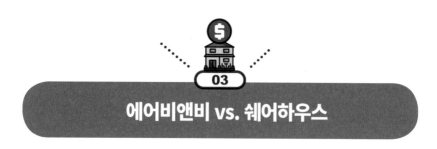

에어비앤비 vs. 쉐어하우스

공유경제 시대가 도래함에 따라 에어비앤비와 쉐어하우스, 이 둘의 인지도가 한국에서 많이 올라갔을 것입니다. 이 둘은 공유를 한다는 점에서 비슷한 공통점을 가지고 있지만, 몇 가지 확연한 차이가 있습니다. 참고로 필자는 에어비앤비로 숙소를 운영하고 있고, 쉐어하우스도 운영하고 있습니다. 두 가지를 동시에 운영하기에 나름 객관적인 입장에서 장단점을 설명할 수 있습니다. 하지만 두 가지 중 하나만 선택해야 한다면 저는 쉐어하우스를 선택하겠습니다. 이유는 실제 필자가 겪은 경험을 바탕으로 다음과 같은 측면에서 설명해보겠습니다.

/계약 기간/

먼저 에어비앤비는 빈집이나 빈방을 숙소로 제공하여 수익이 생기는 구조입니다. 에어비앤비의 경쟁업체는 모텔과 호텔입니다. 숙박사업이다 보니 그에 따른 특징이 있습니다. 아무래도 빌려주는 개념의 사업은 시간을 많이 쪼갤수록 매출이 증가합니다. 따라서 같은 조건에서 운영한다고 했을 때 쉐어하우스보다 일 단위 사업인 에어비앤비가 비교적 매출이 높을 수 있습니다. 하지만 일 단위로 손님을 받다 보니 그만큼 번거롭고, 또 공실을 채

워야만 높은 매출을 유지할 수 있기 때문에 그만큼 사업에 위험부담이 따릅니다. 한편, 쉐어하우스의 경쟁업체는 고시원과 원룸입니다. 숙박이 아닌 주거에 초점이 맞춰진 사업입니다. 따라서 거주 기간이 상대적으로 길어서 입·퇴실이 일 년에 몇 번 없기 때문에 번거롭지 않고 비교적 신경 쓸 일 또한 없습니다. 물론 에어비앤비도 앞서 말한 번거로운 단점들을 보완하기 위해 최소 숙박 단위를 설정할 수 있습니다. 하지만 에어비앤비 특성상 일 단위 숙박 고객이 많기 때문에 그렇게 설정하면 조회 수는 급격하게 떨어지고 매출 역시 영향을 받습니다.

/손님 유형/

국내 쉐어하우스는 외국인도 입주할 수 있지만 한국인이 훨씬 많습니다.

반면 에어비앤비의 손님은 외국인입니다. 한국인을 받으면 불법이기 때문에 영어에 대한 숙지는 필수입니다. 물론 번역기를 사용할 수 있지만 아무리 번역기를 사용한다 한들 한계가 있기 마련이라 의사소통이 원활하지 않고 간단히 전화로 통화하면 될 일에 시간이 꽤 소요됩니다.

쉐어하우스 문의를 받다 보면 한국 사람들도 저마다 자라온 환경이 달라 대화하다가도 당황스러운 경우가 있는데, 에어비앤비는 전 세계를 상대로 하다 보니 환경은 물론이고 문화 자체가 아예 달라서 당황스러웠던 적은 체감상 에어비앤비가 더 많았습니다.

/손님을 대하는 태도/

에어비앤비는 숙소에 머무르고 난 뒤에 14일 안에 후기를 남길 수 있습니다. 후기는 매출과 직결되다 보니 운영하는 입장에서 좋은 서비스를 제공해줘도 을의 입장이 됩니다. 따라서 늦은 시간에 문의가 오는 것에도 바로바로 응대해야 고객의 만족도가 높아지고, 터무니없는 것을 요구하는 손님에게도 싫은 소리를 못하고 오히려 어르고 달래주며 이해시켜야 합니다. 더한 경우는 요구사항을 들어주지 못함에 죄송하다고까지 얘기해야 하기도 합니다.

하지만 쉐어하우스는 후기를 남기는 시스템이 아닙니다. 물론 그렇다고 해서 대충 관리해도 된다는 말은 아닙니다. 하지만 적어도 손님이 잘못했다면 매출에 대해 걱정할 것 없이 잘못한 행동에 대해 지적할 수가 있고 입주자와 운영자 사이의 관계가 나름 동등하다 보니 서로 존중하는 편입니다.

/분실 및 파손 책임 부분/

분실이나 고장문제가 발생할 경우가 있습니다. 에어비앤비는 게스트가 입실할 때 시설물을 체크하지 않았다면 책임 소재를 묻는 게 굉장히 애매해집니다. 원래 제대로 작동되었다는 것을 증명해야 하기 때문입니다. 하지만 운영하는 입장에서 본업이 있다면 매번 시설물을 체크하는 게 현실적으로 어렵고 실제로 주변에서 그렇게까지 하는 경우는 아직 본 적이 없습니다. 따라서 게스트가 분실이나 파손한 것에 인정하지 않는다면 해당 물품에 대해 보상받기가 어려워집니다.

물론 그 문제를 보완하기 위해 에어비앤비도 보증금 제도와 파손됐을 때 조율센터가 있습니다. 하지만 실제로 보증금을 받는 업체가 거의 없기 때문에 게스트들 역시 보증금 내고 들어오는 경우가 굉장히 드뭅니다. 반대로 쉐어하우스는 보증금 없이 들어갈 수 있는 곳이 거의 없고 입·퇴실이 많지 않기 때문에 시설물 체크에 대한 부담이 없는 편입니다. 따라서 입실할 때 체크만 제대로 한다면, 퇴실 시 파손이나 분실에 있어서 명확하게 공제할 수 있습니다.

개인적인 입장에서 쉐어하우스의 장점이 우세하지만, 물론 에어비앤비의 장점도 분명히 있습니다. 여러 손님을 받다 보니 분명 좋은 손님들도 만

나게 돼서 보람을 느끼기도 합니다. 그리고 다양한 외국인들과 교류도 할 수 있어서 새로운 친구를 사귀고 다양한 문화를 체험하는 데 흥미를 두고 있는 분에겐 에어비앤비도 충분히 재밌고 매력적인 사업이기도 합니다. 하지만 직장에 다니거나 자주 신경을 쓸 수 있는 상황이 아니라면 상대적으로 쉐어하우스가 적합하다고 봅니다.

/정부에서 보는 시점/

에어비앤비는 현시점에서 볼 때, 오피스텔에 불법으로 운영하는 게 많고 또 이런 주거형태에 외부인의 출입과 게스트들의 소음문제로 주변 이웃들의 민원이 들어와서 제재를 가하고 있습니다. 하지만 쉐어하우스는 사회적인 이슈들을 해결하는 역할을 하고 있어 오히려 정부가 장려하는 추세입니다.

구분	쉐어하우스	에어비앤비
거주 기간	최소 3개월 이상	1박 이상
구조	대체로 쓰리룸 이상	원룸도 가능
보증금	최소 두 달 치 이상	거의 없음
월세 수익	비교적 낮음	비교적 높음
경쟁업체	고시원과 원룸	모텔과 호텔
손님 국적	한국인과 외국인(주로 한국인)	현재 외국인만 합법
손님과의 관계	동등한 편	후기를 좋지 않게 남길 수가 있어 더럽게 쓰거나 파손된 물품에 대해 싫은 소리를 하기가 힘듦
분실 및 파손의 보상	처음 입주할 당시 입주체크를 한다면 받아낼 수 있음	매번 입주체크가 현실적으로 힘들고 안 했다고 하면 배상받는 데 제약이 많음
정부에서 보는 시각	주거문제를 해결해주는 공익사업으로 봄	불법 운영으로 인해 주기적으로 단속이 있기도 하며 주변 민원 발생 소지가 있어 좋게 보지 않음
특징	비교적 거주 기간이 길어 입주자 간 친해질 기회가 많고 입·퇴실이 적어 손이 덜 가는 편, 다만 공동체 생활이다 보니 피해를 주는 입주자가 없게 신경을 써야 함	짧은 기간 내에 다양한 문화권의 외국인들을 만날 수 있어 소통하고 교류할 수 있는 기회가 많다는 점에서 장점으로 볼 수 있으나 여행객들이 많아 손이 많이 가는 편

절대 손해가 아닌 쉐어하우스 창업

매우 자극적인 제목이라는 것을 잘 압니다. 그럼에도 필자가 이렇게 제목을 쓴 이유는 정말 그렇다는 걸 느꼈기 때문입니다. 실제로 제가 운영하면서 직접 느낀 경험을 토대로 구체적인 예시를 들어 서술해보도록 하겠습니다.

🏠 인테리어 능력의 향상

우리는 매해 기념일마다 마트나 편의점 매대에 진열되는 상품들을 보면, 내용물은 보잘것없지만, 조금 더 예쁘고 화려하게 포장되었다는 이유로 값어치가 확 뛰는 걸 본 적이 있을 겁니다. 부동산도 마찬가지입니다. 인테리어에 조금만 신경 쓴다면 다른 경쟁 매물보다 경쟁력 있는 상품이 되고 수익 면에서도 충분히 마진을 남길 수 있습니다. 개인적으로 쉐어하우스는 부동산이란 카테고리에서 꽤 높은 수준의 인테리어라고 생각합니다. 전체적인 틀만 바꿔서 끝이 나는 게 아니라 그 뒤에 옵션 세팅에 대해서도 생각해야 하기 때문에 인테리어의 안목을 향상하기에 부족함이 없다고 봅니다.

인테리어는 하면 할수록 눈에 띄게 수준이 높아지는데 그동안 우리는 할 만한 기회가 없어서 하지 못했습니다. 조금 바꾸고 싶어도 내 집이 아니라 원상복구를 해야 할 수도 있기 때문에 맘대로 교체하지도 못했고, 어차피 이사 갈 집이란 생각에 애착을 많이 갖지도 않았던 것 같습니다. 하지만 지금은 다릅니다. 나를 위해서가 아닌 사업적인 목적도 갖고 있으니 인테리어를 해야 할 명분이 훨씬 더 두터워졌습니다. 그전에는 돈 때문에 아꼈는데 이제는 "돈을 벌기 위해서 투자를 한다"라는 좋은 명분이 충분히 제공됐다고 봅니다.

게다가 한번 늘어난 인테리어 수준은 결코 쉽게 내려가지 않습니다. 쉐어하우스로 향상된 인테리어 기술은 나중에 매매하거나 임대할 때도 매우 강력한 무기입니다. 한두 번 하다 보면 어느덧 노하우가 쌓여 집을 매수하는 과정에서 집 자체가 매우 볼품없고 허름해 보여도 꾸미고 난 이후의 모습을 상상할 수 있게 됩니다. 그래서 당장 보기에는 매우 엉망이라 헐값에 계약이 되지 않는 매물이라도 인테리어를 했던 사람의 눈에는 남들이 보지 못한 변화 요소가 보이고, 매수 여부를 결정 짓는 기준을 갖게 될 것입니다.

🏠 부동산 경험의 향상

부동산 경험은 결국엔 부동산 계약을 많이 해봐야 느끼는 것입니다. 일반적인 부동산 투자의 경우 비용이 많이 들기 때문에 자금에 여유가 있는 사람들이나 할 수 있지만, 쉐어하우스는 임차를 통해 적은 금액으로 운영할 수 있으니 자금이 부족한 젊은 층도 충분히 도전할 수 있습니다.

20대에 과연 부동산 계약을 할 일이 몇 번이나 있을까요? 하물며 우리가 부동산에 들를 일이 과연 얼마나 될까요? 해봐야 대부분 잠깐 원룸에서 이사한 게 아닐까 싶습니다. 근데 그마저도 부모님과 함께 다니며 시키는 대로 할 뿐입니다. 그렇다고 부모님의 기준이 또 맞다는 법도 없습니다. 부동산 계약은 다른 계약과 가장 두드러지게 나타나는 특징이 있습니다. 바로 거액의 돈이 들어간다는 점입니다. 그 점에서 볼 때 이해는 갑니다. 한 번의 실수가 집안의 가세를 기울일 수도 있기 때문에 어쩌면 부모님과 함께 가는 건 무척 당연한 일일 수도 있습니다. 하지만 안전한 만큼 성장할 기회는 줄어듭니다. 하지만 쉐어하우스는 적은 돈으로 운영할 수 있어 부동산 경험이나 안목을 키우기에 매우 적합한 성장촉매제 역할은 한다고 생각합니다. 겨우 몇 번 이사를 다닌 경험으로는 부족합니다. 본인의 집은 나의 환경, 조건, 취향 등 상황에 맞춰 알아보지만, 쉐어하우스는 대중의 시선에서 바라보며 집을 구하게 됩니다. 그 과정에서 객관적인 안목이 생기고 새로운 관점으로 보게 됩니다.

그 외에 몇 가지 장점이 더 있지만, 그중에서 특히 제일 중요하게 생각하는 것은 임대인, 임차인, 부동산 중개인 각각의 입장을 이해하는 것입니다. 정말 별것 아니라고 생각하겠지만 필자는 어린 나이에 부동산 중개업을 하면서 가장 값지게 배운 경험이라 생각합니다. 이걸 깨닫게 되면 상대방의 입장을 고려해서 상대방이 싫어할 행동은 가급적 줄이고 좋아할 행동은 어필하여 냉랭한 분위기를 풀게 됩니다. 그러면 부동산 계약 과정에서도 긍정적인 영향을 낳습니다.

앞서 말한 이유로 필자는 하루빨리 주변 친구들이나 지인들이 쉐어하우스를 경험을 해봤으면 합니다. 설령 쉐어하우스가 돈이 안 되더라도 위에 말한 내용만으로도 필자는 충분히 값진 자산이 된다고 확신하니, 쉐어하우스의 도전을 미루지 않길 바랍니다.

2장

쉐어하우스 창업 전
꼭 알아야 할 것

01

쉐어하우스 시장의 현주소 그리고 앞으로

　뉴스나 예능뿐만 아니라 드라마에서도 쉐어하우스에 대한 주제로 회자되는 것을 보면 이제는 쉐어하우스의 인지도가 어느 정도 반열에 오른 것 같습니다.

　하지만 굳이 이런 매스컴이 아니더라도 과거와 현재 쉐어하우스 광고의 수준 차이를 보면 현재 쉐어하우스에 대한 관심이 얼마나 많아졌는지를 체감할 수 있습니다.

　불과 1~2년 전만 해도 강남에 있는 쉐어하우스 광고의 사진들을 보면 인테리어가 매우 촌스러운 것들이 꽤 보였습니다. 과거 비비드 컬러가 유행했던 때를 생각한 건지 그냥 알록달록하게만 꾸미면 다채롭게 보일 거라 생각한 건지 전혀 컨셉 없이 꾸민 것 같아 조잡해 보이기까지 합니다. 또 사진 찍는 것 또한 일반 핸드폰 카메라나 구도 감각 없이 중고나라에서 물건 팔듯 대충 찍고 올린 것처럼 사진도 형편없었습니다. 게다가 광고의 내용 또한 인테리어 하다가 진이 빠졌는지 간단명료하게 올라와 있던 걸 어렵지 않게 볼 수 있었습니다.

　한편, 요즘 쉐어하우스 광고를 보면 인테리어가 깔끔해지면서 사진 역시

일반 핸드폰 카메라가 아닌 전문 카메라로 찍었고, 내용 또한 정말 상세하게 심혈을 기울여 쓴 것처럼 알차 보이는 내용이 많아졌습니다. 이러한 변화만 보더라도 쉐어하우스의 공급 과잉에 대해 신경 쓰지 않을 수 없습니다.

실제로 쉐어하우스 시장을 조사한 통계를 보면, 다음과 같습니다.

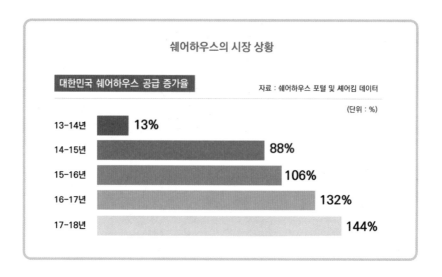

쉐어하우스의 시장 상황

대한민국 쉐어하우스 공급 증가율

자료 : 쉐어하우스 포털 및 세어킴 데이터

(단위 : %)

기간	증가율
13-14년	13%
14-15년	88%
15-16년	106%
16-17년	132%
17-18년	144%

3년 전부터 성장률은 이미 100%를 넘어섰고 작년의 성장률은 144%가 되어버렸습니다. 정말 기하급수적인 성장률이라는 걸 알 수 있습니다.

많은 사람에게 이렇게 알려지면 인지도도 함께 올라가지만, 오히려 운영하는 입장에서는 공급과잉에 대해 걱정될 만도 합니다. 그래서 처음 쉐어하우스를 운영하려는 입장에선 시작하는 데 더욱 망설여지게 하는 요소일 수도 있습니다.

하지만 앞장에서 설명한 "쉐어하우스는 왜 잘 될까?" 편에서 보셨다시피, 우리나라의 실정으론 앞으로도 계속 증가할 것으로 판단됩니다.

쉐어하우스의 주요 수요층인 20대들이 체감하기에 부담 없이 거주할 수 있을 만큼 원룸이 저렴해지거나 평균 급여가 원룸 월세를 감당할 만큼 대폭 상승한다면 모를까, 과거의 연혁들을 미루어 볼 때, 쉐어하우스가 반짝 뜨고 질 거란 걱정은 아직 먼 나라 이야기라고 생각됩니다.

이상의 내용을 종합해보면, 쉐어하우스의 공급이 많아진 것은 사실이지만 쉐어하우스는 20대들이 도움닫기를 하는 과정에서 꼭 필요한 주거형태입니다. 따라서 현재 부동산 재테크로도 급부상하고 있는 쉐어하우스는 한 번 유행하고 사라지는 게 아니라 여느 선진국처럼 우리나라에도 하나의 주거문화로 정착되는 데 부족함이 없어 보입니다.

쉐어하우스 유형별 특징

이제 쉐어하우스 운영하기에 앞서 쉐어하우스 주택에는 어떤 유형이 있는지 소개해볼까 합니다. 그리고 유형별로 장단점을 서술해볼 테니 어떤 게 본인의 조건에 맞는지 고려하여 참고의 기준으로 활용하면 되겠습니다. 그럼 쉐어하우스 주택의 종류에 대해 알아보도록 하겠습니다.

먼저 쉐어하우스 주택에서 가장 많은 점유를 차지하는 다세대 다가구, 즉 빌라입니다. 아무래도 빌라이다 보니 초기 투자금이 적게 든다는 장점이 있습니다. 그런 이유로 쉐어하우스를 시작하거나 확장하는 과정에서 제일 부담이 없는 주택의 유형임은 분명한 듯합니다. 하지만 매매든 임대든 비용은 적게 드는 대신 따로 관리업체를 두는 경우가 매우 드물기 때문에 외관과 내부 상태가 좋지 않아 손을 봐야 할 곳이 많을 가능성이 높습니다. 또한, 빌라는 주차가 수월하지 않기 때문에 초기 인테리어 당시 차량을 이용하기가 불편한 경우가 있기도 합니다.

아파트는 관리업체가 따로 있어 대체로 외관과 내부 상태가 빌라보다 상대적으로 괜찮습니다. 하지만 컨디션이 좋은 만큼 금액대도 빌라보다 높다는 단점이 있습니다. 그렇지만 비싼 만큼 이용할 수 있는 편의시설과 보완

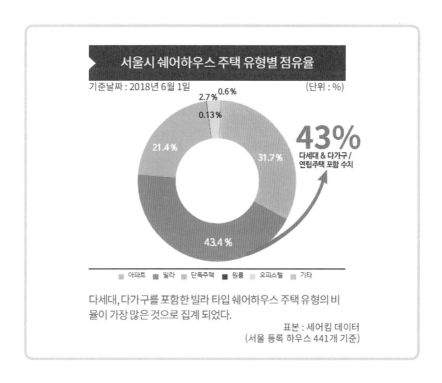

서울시 쉐어하우스 주택 유형별 점유율

기준날짜 : 2018년 6월 1일 (단위 : %)

0.6%
2.7%
0.13%
21.4%
31.7%
43.4%

43%
다세대 & 다가구 /
연립주택 포함 수치

■ 아파트 ■ 빌라 ■ 단독주택 ■ 원룸 ■ 오피스텔 ■ 기타

다세대, 다가구를 포함한 빌라 타입 쉐어하우스 주택 유형의 비율이 가장 많은 것으로 집계 되었다.

표본 : 세어킴 데이터
(서울 등록 하우스 441개 기준)

시설, 그리고 주거환경 역시 좋아서 입주자들이 빌라보다 아파트를 선호할 이유는 분명히 있습니다.

단독주택의 경우, 단층만 임대하면 빌라와 큰 차이가 없지만 2층 이상의 건물 전체를 통으로 임대한다면 다수의 인원을 수용하는 데 수월하고 그로 인한 월세 수익도 크다는 장점이 있습니다. 하지만 수익을 많이 본 만큼 다수의 인원을 관리할 만한 통솔능력이 필요하고 인테리어 또한 대대적으로 진행해야 합니다. 따라서 쉐어하우스 이전에 인테리어에 대한 경험이 어느 정도 있는 사람들은 괜찮겠지만, 처음 시작하는 입장에서는 난이도가 높은 주거 유형이라 볼 수 있습니다.

다음은 오피스텔입니다. 아무래도 오피스텔 특성상 상업지역에 지어야 하므로 입지가 역과 매우 인접할 수밖에 없습니다. 좀 떨어진다 하더라도 대로변과 인접한다는 확실한 보장은 있지만, 위치가 좋은 만큼 이 역시 금액에 바로 적용됩니다. 따라서 상대적으로 비쌀 수밖에 없고, 관리비 또한 실평수 기준이 아닌 분양 평수를 기준으로 부과하다 보니 아무래도 전용률이 낮은 오피스텔은 비효율적이라 보입니다. 그리고 요새 지어지는 오피스텔은 대체로 1인 가구를 위해 지어지다 보니 평수가 거의 다 작습니다. 그렇다고 대형평수를 알아보려면 예전에 지은 건물로 눈을 돌려야 하므로 가격 측면의 메리트가 크지 않아 보입니다. 또한, 임대가 아닌 매수해야 하는 입장에서라면 취득세율 또한 높습니다. 다른 주택은 1.1%이지만, 오피스텔은 4.6% 즉, 4배 이상 차이 납니다. 따라서 오피스텔을 쉐어하우스로 운영하려고 한다면 여러 가지 측면에서 고민해야 할 것 같습니다.

쉐어하우스를 운영하기로 하였다면 위에 설명해 드린 유형별 특성과 자신의 조건 등을 고려하여 주택의 유형을 선택하는 걸 추천합니다.

쉐어하우스 세금 및 사업자등록

모든 사업이 그러하듯 소득이 있으면 세금을 납부해야 하고 그 업을 유지하려면 사업자등록을 해야 합니다. 그래서 대부분 쉐어하우스 창업을 앞두고 세금과 사업자등록에 관해 궁금해하는데, 이번 장에서는 그 두 가지를 정리해보도록 하겠습니다.

먼저 쉐어하우스를 운영할 경우, 세금은 주택 보유 개수(전대 주택 수 포함)와 해당 주택의 기준시가, 임대수입 금액에 따라 비과세, 분리과세, 종합과세로 분류됩니다. 부부 합산 기준시가 9억 원 이하 1주택자의 경우 비과세 대상이고, 그 외에 경우에는 원칙적으로는 종합과세 대상입니다. 하지만 예외적으로 연 임대소득이 2,000만 원 이하이면 분리과세 14%의 단일세율을 선택 적용할 수 있습니다.

사업자등록은 사업소득이 발생한 이상 원칙이지만 꼭 필요한 것은 아닙니다. 주택임대는 부가세가 없는 면세사업이기 때문에 페널티가 따로 없어 세금만 제대로 납부한다면, 현재는 문제될 것이 없습니다. 다만 정부에서 세수파악을 정확히 하기 위해 사업자등록 여부에 따라 공제되는 혜택에 차등을 주어 장려할 뿐입니다.

사업자등록 여부에 따라 공제되는 혜택은 아래와 같습니다.

주택임대소득이 2천만 원 이하인 자가 사업자등록을 했을 시, 필요경비율 60%이고 *주택임대 외 종합소득금액이 2천만 원 이하인 경우에 속한 자는 추가로 400만 원이 공제됩니다.

반대로 주택임대 외 종합소득금액이 2천만 원 이하인 경우에 속한 자가 미등록을 하면 필요경비율은 50%가 되고 주택임대 외 종합소득금액이 2천만 원 이하인 경우에 속한 자는 추가로 기본공제는 200만 원이 됩니다.

임대사업자 등록	임대사업 미등록
필요경비율 60% 기본 공제 400만 원	필요경비율 50% 기본 공제 200만 원
ex) 2천만원의 임대소득 발생시, 2000 - 1200(필요경비율 60%) - 400(공제 금액) = 400 → 400 × 14% = 56만 원	ex) 2천만원의 임대소득 발생시, 2000 - 1000(필요경비율 50%) - 200(공제 금액) = 800 → 400 × 14% = 112만 원

위의 표를 보면 분리과세 대상자가 사업자등록을 했을 때, 필요경비율에 차이가 있고 주택임대 외 종합소득금액이 2,000만 원 이하에 속한다면 기본공제까지도 차이가 있기 때문에 사업자등록을 하는 것이 유리해 보입니다. 물론 개인 상황에 따라 사업자등록 여부가 큰 차이일 수도 있고 경미한 차이일 수도 있어서 등록하지 않고 운영하는 걸 생각할 수도 있습니다. 하지만 정부는 2020년부터는 미등록의 경우 임대 수입의 0.2%를 미등록 가산세로 부과합니다. 따라서 앞으로 쉐어하우스를 운영한다면 사업자등록을 염두에 두는 것을 추천합니다.

사업자등록을 하는 방법은 직접 세무서에 가는 방법과 인터넷으로 신청하는 두 가지 방법이 있습니다.

직접 관할 세무서에 방문한다면, 신분증이 필요하고, 전대로 운영할 경우 임대차계약서(전대차 승낙 또는 동의표시가 필요함) 등의 구비서류를 가져가면 되지만 간혹 세무서 담당자마다 요구하는 게 추가될 수도 있으니 가기 전에 유선상 확인하는 것을 추천합니다. 세무서에 갈 수 있는 상황이 아니라면, 국세청 홈택스 사이트로 신청하면 되는데, 인터넷으로 신청할 때는 공인인증서가 있어야 로그인이 가능하므로 미리 준비해두어야 합니다.

추가로 말을 덧붙이자면, 세금 관련 부분이 아마 제일 혼동이 많을 것입니다. 쉐어하우스의 세금은 부동산과 마찬가지로 개인마다 변수가 너무 많고 용어 자체도 일반인이 이해하기 어려울뿐더러 법 개정도 상황에 따라 빠르게 바뀌기 때문입니다. 초보자들은 이럴 때 좀 더 확실히 알아보기 위해 정보를 찾아보지만, 안타깝게도 인터넷에는 개인이 잘못 이해하고 정리한

글도 많고, 작성한 이후 정책이 바뀌어 잘못된 정보가 되기도 합니다. 꽤 오랜 기간 실무를 접해본 분들은 나름의 기준이 생겨서 어떤 게 틀렸는지 대략 파악되지만 처음 접하시는 분들에겐 오히려 혼동을 주고 비싼 수업료를 치러야 할 여지가 있습니다. 따라서 좀 더 자세하고 실무적인 것을 알고 싶다면 관련 전문가에게 상담받기를 꼭 추천합니다.

● 종합소득세 산출세액은 다음과 같이 계산합니다.

종합소득세 산출세액 = (과세표준 × 세율) - 누진공제	

종합소득세 기본세율 (2018년 소득기준)

과세표준(= 종합소득금액 - 소득공제)	세율	누진공제
1,200만 원 이하	6%	-
1,200만 원 초과 ~ 4,600만 원 이하	15%	108만 원
4,600만 원 초과 ~ 8,800만 원 이하	24%	522만 원
8,800만 원 초과 ~ 1억5천만 원 이하	35%	1,490만 원
1억5천만 원 초과 ~ 3억 원 이하	38%	1,940만 원
3억 원 초과 ~ 5억 원 이하	40%	2,540만 원
5억 원 초과	42%	3,540만 원

■ **주택임대소득의 분리과세**

주택임대수입금액이 연간 2천만 원 이하인 경우 필요경비, 공제금액을 차등 적용한 소득금액에 14% 단일세율로 과세 (다른 종합소득과 합산하여 누진세율 적용하지 않음)

분리과세 세액 산출방식

[수입금액 - (수입금액 × 필요경비율) - 공제금액] × 14%

구분	필요경비율	공제금액	
등록임대주택	60%	400만 원	주택임대 外 종합소득금액이 2천만 원 이하인 경우만 적용
미등록임대주택	50%	200만 원	

믿기 힘든 쉐어하우스 수익률

아마 쉐어하우스에 관심 있는 사람들 대부분이 가장 궁금해할 대목이 아닌가 싶습니다. 저 역시도 처음 쉐어하우스 창업을 준비했을 때 아무 계산 없이 시작한 것은 아니었으니까요. 수익률은 어떻게 계산하느냐에 따라 많이 달라지는데, 시세를 바탕으로 한 예상 수익률과 필자가 실제로 운영하는 쉐어하우스의 수익률을 최대한 보수적으로 계산하여 공개하도록 하겠습니다.

우선 계산하기 전에 필자가 운영하는 쉐어하우스의 정보를 알려드리자면, 방 세 칸짜리 구조에 1인실 두 개와 2인실 한 개를 운영하고 있어 정원이 총 4명입니다. 한 명당 보증금을 150만 원씩 받는다고 가정하고 1인실은 47, 45만 원, 2인실은 각 37만 원씩 받고 있어 이를 합하면 입주자들에게 총 600만 원의 보증금을, 월세는 한 달에 166만 원을 받게 됩니다. 1년 1,992만 원의 소득이 발생하는 셈입니다. 그리고 편의상 입주자들이 쓰는 공과금과 기타비용은 월세 이외에 따로 받는 관리비로 상계처리 돼서 수익률 계산에 산입하지는 않겠습니다.

마지막으로 정말 보수적으로 계산하기 위해 인테리어 비용과 옵션 세팅 비용에 감가상각을 하여 계산해보겠습니다. 감가상각은 3년간 되고 중고로 팔면 보통 값이 어느 정도 나오겠지만 계산 편의상 가치는 0원이 된다고 가정하고 산정해보겠습니다.

수익률은 자기 소유의 집으로 운영했는지 임대해서 운영했는지에 따라 크게 두 가지로 나뉠 수 있습니다. 그리고 매입했을 시 대출여부에 따라 또 두 가지로 나뉩니다. 먼저 대출을 받지 않고 매입할 경우에 대해 먼저 알아보도록 하겠습니다. 매매로 신림지역을 조회해보니 2억6천만원에 매입할 수 있습니다.

■ 대출 없이 매수할 시

수익률 계산	금액/수익률	비고
매출	166	47(1인실 큰방)+45(1인실 작은방)+37(2인실)+37(2인실)
한 달 순수익	166	
1년 합계	1,992만 원	166×12달=1,992
인테리어	600	수리 비용 및 가전, 가구, 기타 집기 세팅 비용
입주자 보증금	600	150만 원(입주자 보증금) × 4명(거주 인원)= 600만 원
취득세 및 기타비용	400	주택의 취득세 1.1% 적용+등기비 및 기타 부대 비용
총 투자금	2억6천4백만 원	매매가+인테리어+취득세 및 기타비용－입주자 보증금
수익률	**7.50**	(1,992만 원/2억 6,400만 원)
(공실률 20% 감안)	6.30	(1,594만 원/2억 6,400만 원)
(옵션비용 감가상각 감안)	5.20	(1,394만 원/2억 6,400만 원)

집이 일반적인 컨디션이라는 전제하에 저는 인테리어 비용을 600만원으로 책정합니다. 이에 따라 계산을 해 보면 수익률은 7%를 넘고 공실률과 감각상각까지 고려해서 계산 해 보더라도 5%를 상회합니다. 사실 이정도만 해도 다른 부동산 투자상품들 보다 매력적인 수익률 이긴 합니다.

■ 대출 받아 매수할 시

수익률 계산	금액/수익률	비고
매출	166	47(1인실 큰방)+45(1인실 작은방)+37(2인실)+37(2인실)
월 이자값(4%, 연 520)	43.33	=1억 3,000만 원×4%/12달
한 달 순수익	122.67	=166-43.33
1년 합계	1472	
인테리어 및 세팅 비용	600	1992-520(1년 이자비용)
입주자 보증금	600	150만 원(입주자 보증금)×4명(거주 인원)= 600만 원
취득세(1.1%) 및 등기비용	400	주택의 취득세 1.1% 적용+등기비 및 기타 부대 비용
총 투자금	1억3,400만 원	
수익률	10.9	(1,472만 원/1.34억)
(공실률 20% 감안)	8.79	(1,178만 원/1.34억)
(옵션비용 감가상각 감안)	7.29	(978만 원/1.34억)

대출을 50% 받는다고 가정해보면 7%가 넘는 수익률을 자랑합니다.

시중 은해의 예금이자가 연 1%에 반해 대출을 50프로 받아 운영한 쉐어하우스의 수익률은 엄청난 수익률입니다. 부동산이 상승장일 때 매수한다면 수익률과 지가상승 이 둘의 엄청난 시너지효과를 볼 수가 있습니다. 노려본다면 더욱 매력적으로 보일 수도 있습니다.

다음은 전대차로 운영했을 때의 수익률을 계산해보겠습니다.

■ 전대로 운영 시

수익률 계산	금액/수익률	비고
매출	166	47(1인실 큰방)+45(1인실 작은방)+37(2인실)=166
월세	90	150만 원(입주자 보증금) × 4명(거주 인원)=600만 원
순수익	76	=166-90
1년 합계	912	=76×12달
보증금	1,000	
옵션비용	600	
입주자 보증금	600	
총 투자금	1,000	
수익률	91.2	(912/1,000)
(공실률 20% 감안)	72.96	(912-182.4=729.6)
(옵션비용 감가상각 감안)	52.96	(729.6-200=529.6)

옵션비용 감가상각도 포함하여 보수적으로 계산했는데도 두 자리 숫자가 넘는 수익률이 나온 이유는 일단 적은 보증금이기도 하고 옵션비용에 다른 운영자들보다 많이 쓰지 않았기 때문입니다.

필자는 다른 쉐어하우스에 비해 인테리어 비용을 적게 들이는 편입니다. 물품을 구매할 때도 최대한 가성비가 좋은 가전으로 찾았고 가구들 또한 저렴하게 세팅하기 위해 웬만하면 조립제품을 샀기 때문입니다. 그래서 혹자는 비용을 저렴하게 들여서 꾸미기 때문에 제 쉐어하우스 인테리어가 부족하다고 예상할 수도 있습니다. 하지만 최근에 오픈한 것들의 계약률을 봤을 때 4명이 정원인 곳에 5명이 보고 만실이 되었고, 다른 곳 역시 4명이 정원인데 2자리는 사진만 보고 바로 계약금을 넣었고 나머지 2자리는 3명이 보고 만실이 되었습니다. 이것을 보면 다른 쉐어하우스에 비해 인테리어 수준이 떨어진다고 할 수도 없는 것 같습니다.

위에 보신 것처럼 쉐어하우스는 높은 수익률을 자랑합니다. 하지만 여기서 대부분이 높은 수익률에 눈이 멀어 쉽게 간과하는 한 가지가 있습니다. 바로 수익은 리스크와 비례한다는 점입니다. 쉐어하우스는 단순히 돈만 투자했다고 수익이 되는 게 아닙니다. 거기에는 여러 단계를 해결해야 하는 시간과 노하우가 숨겨져 있습니다. 물론 저의 노하우와 겪었던 시행착오들을 책으로 전달하지만, 수익률에만 초점을 두고 뛰어들었다간 제풀에 지치게 되니, 시작 전 그 과정들을 알아야 한다는 마인드를 가져야 합니다.ㅎ 그리고 진부한 얘기일 수 있지만 쉐어하우스를 준비하는 과정에서 느껴지는 보람에 초점을 맞춘다면 아마 끝까지 롱런할 수 있을 것입니다.

시간이 없어도 계속 확장할 수 있었던 이유

필자는 선천적으로 매우 게으르고 추진력이 없다고 생각하는 사람 중 하나입니다. 여유가 있을 땐 시간 가는 줄 모르고 항상 늑장 부리다 결국 상황이 닥쳐야 급하게 마무리하곤 합니다. 그러다 보니 이런 좋지 않은 습관을 바꾸기 위해 원래 일정보다 데드라인을 미리 앞당겨 일찍 마무리하려 애 쓰는 등 많은 시도를 했습니다. 그러나 좀처럼 바뀌질 않아 추진력이 부족한 나의 성향 탓이라고 여겼습니다. 근데 어느 날 제가 쉐어하우스라는 분야에 생각보다 어렵지 않게 시작할 수 있었던 이유를 곰곰이 생각해보며 '과연 추진력이 성향일까?' 의문을 품게 되었습니다.

만약 제가 부동산 중개나 에어비앤비를 운영하지 않았다면, 지금처럼 쉐어하우스를 운영하고 있을까요? 아마 꿈도 못 꾸었을 겁니다. 필자 성향상 그쪽에 대한 경험이 없었다면 쉐어하우스가 인기가 많아도 '그 불편한 곳에 여럿이서 굳이 왜 살지?'라며 나와는 전혀 다른 세상 이야기라 생각하고 말았을 것입니다. 하지만 제가 쉐어하우스를 할 수 있었던 건 다름 아닌 그전에 해왔던 과정들이 쉐어하우스라는 분야와 겹치는 게 많아서 익숙했기 때문입니다.

쉐어하우스를 집 구하기부터 운영하기까지의 단계를 나눠볼 때

필자는 부동산 중개를 하다 보니 당연히 집을 많이 보게 되었고, 그러다 보니 자연스럽게 좋은 집과 나쁜 집에 대한 기준이 생기게 됐습니다. 또 손님 문의를 받기 위해선 광고를 하되 어떻게 사진을 촬영해야 잘 찍히는지에 대해 고민도 많이 했습니다. 그 이후에는 전화 문의를 받아서 응대하며 그 손님과 계약서를 작성하는 단계까지 거치게 됩니다. 인테리어 또한 에어비앤비 몇개 점을 운영하다 보니 전문가만큼은 아니더라도 일정 부분은 일반인보단 상대적으로 더 많이 숙지하고 관심을 두고 있었습니다.

이렇듯 필자에겐 부동산 중개업과 에어비앤비 운영을 통해 경험한 것들 때문에 쉐어하우스를 운영할 때 이렇다 할 새로운 분야들이 크게 없어서 쉽게 도전할 수 있었던 것입니다. 마찬가지로 많은 사람이 쉐어하우스를 알면서도 창업하지 못하는 건 게으르거나 추진력이 부족한 성향과는 무관하다고 봅니다.

일의 진행이 느린 이유는 단순히 일을 처리하는 효율이 높지 않아서라기보다 해당 분야에 대해 모르는 부분이 생겼기 때문입니다. 또 그 과정에서 계속 정체돼있다는 것은 모르는 분야에 관해서 어디에 물어봐야 하는지조차 몰라서 그렇습니다. 필자는 이게 쉐어하우스뿐만 아니라 어느 분야든 마찬가지라 봅니다.

지극히 개인적인 생각이지만 어떤 사업을 시작할 때 꼭 모든 부분을 전문가 수준으로 알아야 하는 건 아니라고 봅니다. 다만 모르더라도 적어도 어디에 물어봐야 정확한 답이 나오고, 어디서 도움을 받을 수 있는지 빨리

파악해야 한다고 생각합니다.

그래서 각 단계마다 저의 노하우를 공개하고, 때에 따라 응용해야 한다면 어디를 참조해야 하는지 또한 구체적으로 서술하려고 합니다. 그러니 이제는 처음부터 너무 모른다고 지레 겁먹지 않아도, 시간이 부족하다고 시작을 망설이지 않아도 됩니다.

3장

집 구하기

본격 공인중개사가 알려주는
쉐어하우스 집 구하기 팁

왕초보를 위한 부동산 A to Z

쉐어하우스 할 집을 구할 때, 부동산 계약 경험이 없거나 많지 않아서 부동산에 전화하는 것조차 부담되는 분도 분명 있을 겁니다. 이번 장에서는 부동산 전화 문의에서부터 잔금지급까지 전반적인 과정에 대한 설명과 단계별 저의 경험이나 유용한 팁들을 준비해 봤습니다.

절차는 아래와 같습니다.

집 구하기 절차는 이렇게 4단계로 나누어졌다 볼 수 있는데, 그러면 지금부터 단계별로 설명해 드리도록 하겠습니다.

🏠 부동산 매물 파악

부동산 매물 파악은 예전이야 직접 방문하여 시세들을 파악했지만, 요즘은 부동산 관련 앱application이 많이 있어 앱으로도 충분히 어떤 집들이 있고 시세는 어떠한지 대략적으로 판단할 수 있습니다.

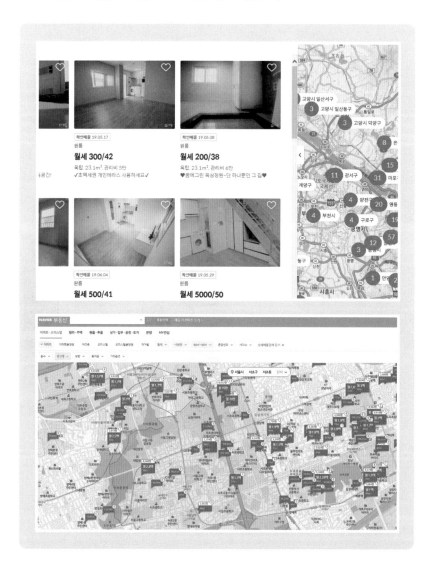

광고를 통해 마음에 드는 집이 있다면 전화를 걸어 해당 매물이 계약 가능한지 여부와 언제 집을 볼 수 있는지 물어본 후 약속한 날짜와 시간에 맞춰 집을 보면 됩니다.

하지만 지역에 따라 앱이 오히려 독이 될 수도 있습니다. 부동산 중개에서 주택시장은 이미 포화상태라 밀집 지역에서는 허위 매물이나 월세는 낮은데 관리비를 높이는 낚시성 매물들이 종종 있기 때문입니다.

그래서 처음에 모르는 지역을 알아보는 입장이라면 오히려 혼동되니 광고를 통해서 시세판단을 할 때, 해당 지역이 밀집지역인지 아닌지도 염두에 둘 필요가

있습니다.

젊은 연령대들이야 모바일에 익숙해서 금방 앱을 활용할 수 있지만, 기성세대분들에게는 앱이 다루기 어려울 순 있습니다. 하지만 앱을 활용하지 못해도 낙심할 필요는 없습니다. 많이 고민할 것도 없이 바로 해당 지역 부동산에 방문해서 가용금액과 원하는 조건 등을 먼저 이야기하면 부동산에서 알아서 맞는 매물들을 보여드릴 겁니다. 요즘 서울의 부동산업계는 예전과 달리 점점 매물들을 공유하여 10개 중 9개 이상은 겹칠 것이니 시세파악을 하기에 부족함이 없다고 봅니다.

🏠 부동산 임장

부동산에 따라 어떤 곳은 워낙 바쁘기 때문에 약속을 잡아놓고 정신이 없어 잊어버리는 직원을 몇 번 본 적이 있습니다. 저 역시도 한가해서 방문하는 게 아니라 시간 내서 오는 상황이라 당일 또는 전날 약속한 게 변동은 없는지 혹은 계약이 되진 않았는지 재차 확인하는 편입니다. 좋은 매물이고 인기가 있는 지역이라면 그다음 날 보러 가기로 했어도 그 전날 밤에 계약금이 들어간 경우가 꽤 빈번하게 일어나기 때문입니다. 그리고 한 부동산에서만 보는 게 아니라 다른 부동산에서도 보기로 했다면 시간을 너무 빠듯하게 잡지 않는 게 좋습니다. 집 보는 거야 어떤 집은 1~2분이면 끝나기도 하지만, 집을 보러 가는 과정에서 시간이 많이 소요되므로 저는 한 집을 보는데 대략 30분 정도 걸린다 예상하고 다음 일정을 잡는 편입니다. 그리고 딱몇 시에 도착하는 게 아니라 몇 시 전후로 도착한다고 해서 혹여나 조금 늦거나 일찍 방문해도 실례가 되지 않게 미리 얘기하는 편입니다.

집을 보는 와중에도 초보자라면 꼭 했으면 하는 게 있습니다. 바로 메모입니다. 너무 당연하기도 한 말이라 간과하기 쉬운데, 집을 몇 번 보지 않은 사람이라면 집의 구조와 특징 등을 기억하기가 쉽지 않습니다. 3개 이상만 봐도 매물들의 정보가 뒤죽박죽 섞여 머릿속이 복잡해지기 십상이므로 종이든 핸드폰 앱이든 아래와 같이 그때그때 꼭 메모하는 걸 추천합니다.

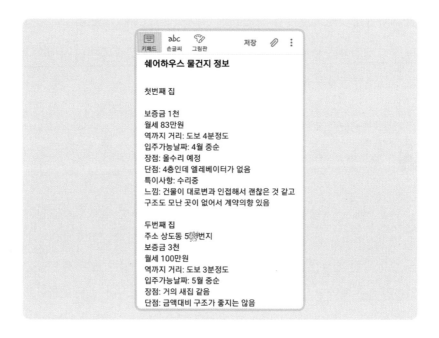

🏠 ┊ 계약서 작성

마음에 드는 집을 보고 계약서 작성만 하면 집 구하기 단계의 7부 능선은 끝이 납니다. 하지만 보통 매물을 보고 당일에 계약서를 작성하는 건

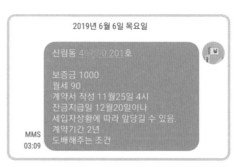

실제로 흔한 경우는 아닙니다. 집주인이 지방에 거주할 수도 있고 집을 내 놨다고 계약서 작성하는 것만 대기할 수 있는 상황이 아니기 때문에 대체로 계약금을 미리 걸어놓고 집주인과 시간을 조율하여 계약서를 작성합니다. 이럴 때 저는 계약금만 입금하고 끝내는 게 아니라 계약금을 송금하기 전에 계약서에 특정할 조건들을 문자로 보내 부동산에 다시 확인받는 편입니다. 또 부동산 사장님들께서 "집주인이 이건 새로 수리할 생각도 있는 것 같다" 등의 대화 뉘앙스 차이에서 오는 오해의 소지를 줄이기 위해 비용적인 부 분과 관련 있는 사항들도 같이 보냅니다. 그래서 계약서 작성하는 당일에는 서로 왈가왈부하지 않게 사전에 짚고 넘어갈 것들을 확실히 하는 편입니다.

🏠 ⋮ 잔금지급

계약서까지 무사히 마쳤다면 잔금을 지급하는 단계만 남았는데, 여기서 도 실수하지 않게 꼭 확인해야 할 것이 있습니다. 바로 이체 한도입니다. 보 증금이 큰 계약은 임대인이 새로 들어오는 보증금을 받아서 기존 세입자에 게 내주는 경우가 많기 때문에 간단한 것처럼 보이지만 의외로 신경쓰지 못 해 심각한 중개사고로 이어지는 걸 부동산 중개업을 하면서 몇 번 본 적이 있습니다. 잔금지급 날짜가 보통 공휴일이나 주말을 끼고 있는 경우가 많아 그런 때는 긴장할 필요가 있습니다. 그날은 은행도 마찬가지로 쉬기 때문에 이체 한도를 늘릴 수가 없으니 잔금지급 날짜가 되기 전에 이체 한도가 걸 리지 않는지 꼭 확인해야 합니다.

|tip| 매수 시 참고 사이트

필자는 쉐어하우스 수익도 중요하지만, 별개로 나중에 매도 차익도 중요하다고 봅니다. "수익은 살 때 발생한다"라는 말이 있듯 그만큼 싸게 사는 건 중요합니다. 그래서 급매 정보를 아는 게 관건인데, 예전에는 친한 부동산에서 귀띔을 줘서 정보를 먼저 알 수 있었습니다. 하지만 그러기 위해서 부동산 사장님 또는 실장님에게 적당한 선물 공세를 하고, 시간을 들여서 친분을 쌓아야 했습니다. 또한, 그 부동산에서 관할하는 지역이 넓지가 않기 때문에 급매물이 나올 때까지 기다려야 하고 그게 아니면 직접 일일이 알아봐야 했습니다. 하지만 이제는 짧은 시간으로 효율적으로 더 넓은 지역의 급매 정보를 쉽게 알려주는 'zip4' 사이트를 소개하려고 합니다.

물론 유료 서비스도 있긴 하나 나중에는 몇천만 원 혹은 그 이상의 몫을 톡톡히 할 수 있고, 무료 서비스라도 충분히 유용하게 사용할 수 정보들이 있다고 봅니다.

우리가 타 지역에 가더라도 후기를 통해 실제로 좋은 서비스를 제공하는 음식집을 쉽게 알 수 있듯이 부동산 매물도 마찬가지로 후기가 있다면 다양한 정보를 빠르게 파악할 수 있습니다.

　　'호갱노노'는 다양한 정보와 함께 후기를 볼 수 있는 사이트입니다. 실제로 부동산 사장님이 말씀하는 것 말고 세입자들의 후기도 알 수 있어 좀 더 객관적인 정보를 미리 알 수 있습니다.

왕초보, 이것만은 꼭 알고 시작하자

뭐든지 처음이 어렵습니다. 막상 한번 시작하면 별것 아니지만, 처음이 어려운 이유는 기준이 없기 때문입니다. 그래서 이번에 다룰 내용은 쉐어하우스를 운영하면서 꼭 필요한 최소 사이즈에 대한 기준을 알려드릴까 합니다.

모든 집의 구조가 쉐어하우스를 운영하기 좋게 반듯한 모양과 일률적인 사이즈로 넉넉하게 나오면 좋겠지만, 부동산의 특성상 똑같은 건 거의 없습니다. 구조는 같더라도 향이나 라인이 다르고 조건들이 다르다는 게 부동산만이 가진 특색 중 하나입니다. 그래서 집을 찾다 보면 구조가 굉장히 독특하거나 무늬만 쓰리룸인 집들도 많이 보게 됩니다. 예를 들면 쓰리룸인데 방 한 개가 너무 작아 침대조차 넣을 수 없는 크기의 집들도 종종 보게 됩니다. 필자는 이럴 때 아무리 위치와 가격, 컨디션 등이 좋다고 하더라도 1인실로 세팅할 수 없는 집은 과감히 미련을 버립니다. 우리가 계약할지 말지 선택하려면 일단 최소 사이즈의 기준을 알아야 하고 그전에 방에 어떤 옵션들을 넣을지 생각해둬야 합니다. 사실 옵션들은 쉐어하우스마다 각기 달라 정해진 건 없지만 일반적인 옵션을 들여놓는 걸 가정한다면 보통 침대, 책상, 옷장 정도가 들어갑니다. 상황에 따라 더 추가해도 되지만 이 정도가 최소한의 마지노선으로 봅니다.

그래서 필자는 위에 적은 옵션들은 제품마다 보통 다르지만 아래 사이즈를 최소 사이즈로 생각하고 기준을 정했습니다.

침대 200×100
책상 80×40 또는 60
옷장 80×40

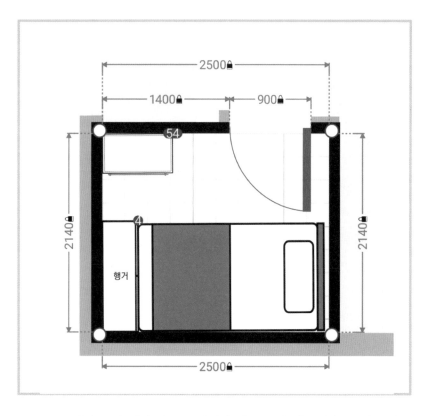

좁은 곳이다 보니 잊지 말고 고려해야 할 부분이 있습니다. 문이 열리는 공간과 의자를 뺄 수 있는 공간, 옷장을 열 수 있는 공간까지도 생각해야 합

니다. 한 가지 팁을 드리자면 필자의 경우 신경 쓸 것을 줄이기 위해 행거를 설치하거나 뚫려 있는 옷장을 배치해서 옷장 문을 열어둘 공간까지 생각할 필요가 없게 세팅합니다.

그랬을 때 필자가 생각하는 최소한의 집 크기입니다. 사실 이 정도는 문을 열었을 때 좁다는 느낌을 받긴 하지만 그래도 2인실보다 훨씬 많은 수요를 자랑하는 1인실이기 때문에 크게 걱정할 부분은 아니라고 판단됩니다.

다음은 2인실 최소 사이즈입니다. 여기서는 2인실을 1층침대로만 세팅했을 때와 2층침대로 했을 때의 경우를 소개하겠습니다.

🏠 ⋮ 1층 침대만 사용했을 때

방 사이즈가 넉넉해서 1층 침대로만 사용한다면 제일 좋은 구조입니다. 하지만 이상하게도 정해진 예산 안에서 집을 알아보면 애매한 사이즈의 매물들을 보게 됩니다. 1층 침대로만 하기엔 사이즈가 애매하다면 2층 침대를 추천하지만, 꼭 1층 침대를 해야 한다면 이케아에 73cm짜리 책상도 추천합니다. 물론 여기서는 간단한 업무 정도만 가능하지만 1층 침대를 꼭 하시려는 분들에겐 고려해볼 만한 제품이라 생각됩니다.

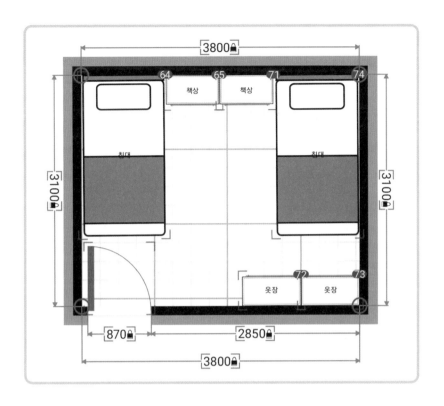

책상
73x50

화이트 102.130.77

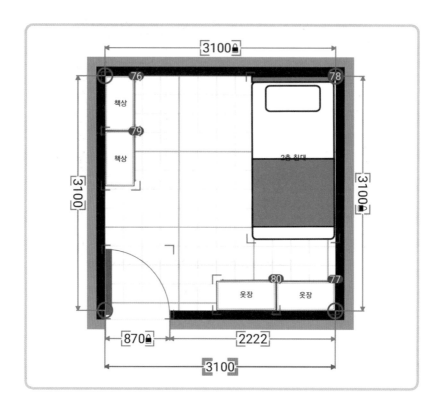

사실 위에처럼 딱 맞는 사이즈일 때, 필자는 오히려 1층 침대보다 2층 침대를 선호하는 편입니다. 1인실이야 좁더라도 혼자 쓰니깐 수요가 많은데, 2인실은 같이 쓰는 공간이다 보니 좁아 보이면 거부감이 생깁니다. 따라서 2층 침대로 공간을 더 확보하는 편이 광고 사진에도 더 넓고 답답하지 않게 잘 찍힙니다.

쉐어하우스는 장기적인 거주 목적도 있지만, 단기 거주의 목적도 있기 때문에 지방에서 서울로 올라오기 어려운 손님들은 사진과 위치만 보고도 계약금을 바로 보내는 경우가 꽤 있는 편입니다. 따라서 사진을 찍었을 때의 느낌 역시 무시할 수 없으니, 이 부분 역시 고려해서 선택하는 것을 추천합니다.

하지만 크기가 이마저도 안 되면 선택의 여지가 없이 2층 침대를 놓아야 합니다. 방이 좁은 상태라면 층고가 높은 가구들이 들어갔을 때 생각보다 답답해 보이는 느낌이 들 수도 있으니 이점 참고해서 1인실로 할지 2인실로 할지 판단해야 합니다.

🏠 ┊ 짚고 넘어갈 것

간혹 집을 보다 보면 쓰리룸이긴 하나 애매한 경우가 있습니다. 그중 하나는 베란다가 방 하나를 통과해서 가야 하는 구조인데, 이때 역시 필자는 계약하지 않는 편입니다. 물론 다른 베란다나 화장실에 세탁기를 설치할 수 있는 공간이라면 예외이지만 그게 아닐 경우 세탁기를 이용하기 위해 수시로 지나다니기 때문에 해당 방에 거주하는 사람의 공간은 더이상 개인적인 공간이 되지 못하게 됩니다. 쉐어하우스는 서로 공유하는 느낌도 있지만 사적인 공간도 분명히 존재하기 때문에 이 점 유의하여 집을 구하시기 바랍니다.

실패가 없는 지역과 위치 선정하기!

 쉐어하우스에서 위치는 정말 중요합니다. 운영하는 입장에서 다른 경쟁사와 견주어 경쟁력을 갖출 수 있는 것 중 하나이고, 그뿐만 아니라 손님과 소위 말하는 '밀당'에서도 흔들리지 않는 여유의 근원이라 생각합니다. 만약 위치가 좋지 않은 쉐어하우스라면 인테리어를 아무리 잘 꾸몄다 하더라도 계약이 쉽게 되지 않아 입주자의 제안에 이리저리 휘둘리게 됩니다.

 집을 구하다 보면 아마 다음과 같은 상황이 벌어질 것입니다. 위치는 좋지만 컨디션이 아쉬운 것과 위치는 조금 멀지만 컨디션이 좋은 매물 중 하나를 골라야 하는 경우입니다. 여기에 정답은 없지만, 필자의 경우 위치가 좋은 곳을 선택합니다. 내부 상태야 제가 비용을 조금 더 주고 교체하면 됩니다. 하지만 위치는 내가 비용을 더 준다고 하더라도 바꿀 수 없기 때문입니다. 부동산은 말 그대로 움직이지 않는 정착물입니다. 그렇기 때문에 입지가 가장 중요하고 선택의 중요한 기준으로 삼아야 합니다. 물론 위치가 좋은 만큼 비용은 상대적으로 더 많이 들겠지만, 그만큼 수요층을 탄탄하게 하며 리스크를 줄인다고 생각하고 기꺼이 입지가 좋은 물건들을 골라야 합니다.

 처음 시작하는 입장에서 좋은 입지만 선정하더라도 입주자들에겐 매력적인 쉐어하우스가 될 가능성이 충분합니다. 따라서 처음 운영할수록 좋은 입지를 신중하게 판단해야 하는데, 그 때 추천할 지역을 소개해드리겠습니다.

첫 번째 강남지역을 추천합니다.

일자리도 풍부하고 입시, 편입, PEET 학원가 등 각종 전문학원과 취업학원도 많아 사회초년생과 입시생과 편입학생들과 학부모들에게도 문의가 많이 오는 지역입니다.

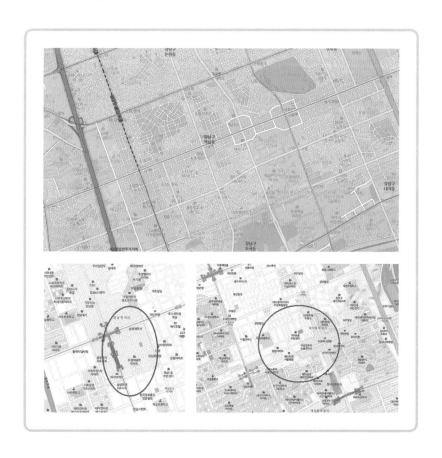

물론 지역이 강남이다 보니 투자금액도 다른 지역에 비해 높습니다. 하지만 쉐어하우스의 주 수요층인 20대 입장에서 생각해보면 쉽게 이해할 수 있습니다. 강남은 20대들이 살고 싶어도 경제적인 여건상 현실적으로 거주 물론 지역이 강남이다 보니 투자금액도 다른 지역에 비해 높습니다. 하지만 쉐어하우스의 주 수요층인 20대 입장에서 생각해보면 금액대가 비싸기 때문에 살고 싶어도 경제적인 여건상 거주하기가 어렵습니다. 그런데 쉐어하우스는 보증금과 월세를 얼마 들이지 않고도 들어갈 수 있어서 실제로 강남지역은 운영했을 때 꾸준히 문의가 많이 오는 곳이기도 합니다. 예전부터 강남 불패리는 말이 있듯이 쉐어하우스에도 적용되는 것 같습니다.

두 번째는 20대가 많이 거주하고 싶어 하는 하는 홍대입니다. 홍대는 대학교 때문에 수요가 몰리기보단 다양한 문화 콘텐츠가 산재해있는 지역이 우리나라 지방뿐만 아니라 한류 열풍의 영향을 받는 외국인에게도 많은 수요가 있는 지역입니다.

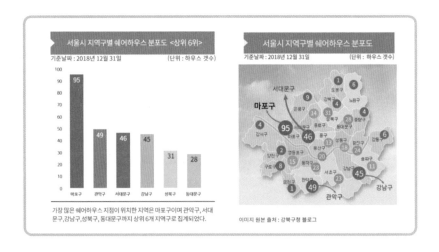

마지막으로 1인 가구 비율이 높은 곳인 관악지역을 추천합니다. 20대가

가장 많이 거주하고 있고 홍대와 강남 둘 다 대중교통으로 30분도 채 걸리지 않을 정도로 가깝습니다. 또한, 앞서 말한 지역보다 비교적 저렴하기 때문에 인기가 있는 지역입니다.

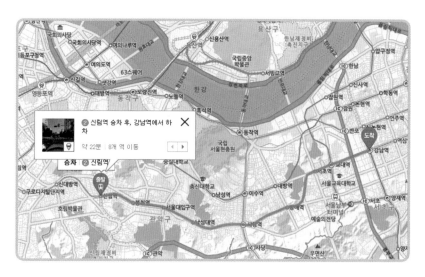

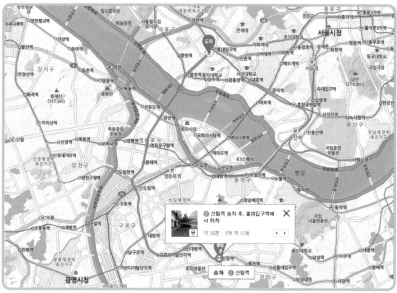

강남에 가로수길이 있다면 관악지역엔 샤로수길이 있고 1인 가구가 많이 밀집해 있다 보니 그만큼 쉐어하우스에 대한 수요가 많습니다.

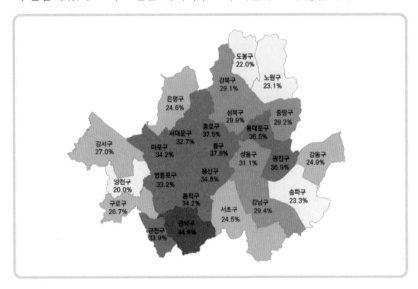

이외에도 다른 시각에서 입지 선정을 고려해볼 수도 있습니다. 유명 브랜드의 카페가 어느 지역에 입점하기 전에 수요조사를 다 마치고 입점하면 다른 커피숍들이 잇달아 들어오듯 쉐어하우스도 쉽게 선정하는 방법이 있습니다. 쉐어하우스의 경쟁업체 중 하나인 고시원을 보고 판단하는 것입니다. 바로 고시원이 많은 곳은 그만큼 쉐어하우스로 넘어올 수요가 있기 때문에 해당 지역을 선택하는 것도 좋은 방법 중 하나라고 생각합니다. 고시원은 주거상태와 내부시설이 상대적으로 좋지 않기 때문에 쉐어하우스의 인테리어로 충분히 매력적인 어필이 가능하고 경쟁력을 갖추는 데 부족함이 없습니다.

하지만 이것만 가지고 확신하기엔 아쉬울 수 있겠습니다. 그래서 다음 장에선 필자가 그 외 지역에 쉐어하우스를 오픈하려고 할 때 결정적으로 참고하는 지표를 소개해보도록 하겠습니다.

앞장에서 말했듯 위치는 아무리 강조해도 지나치지 않습니다. 쉐어하우스 시장의 공급이 과잉되더라도 살아남는 방법 중 하나는 위치에서 경쟁력을 가지는 겁니다. 지금같이 시장이 점점 커지고 있는 때일수록 입지는 정말 중요합니다. 하지만 필자의 경우 앞장에서 소개했던 통계의 지표만으로 확신을 갖고 실행하기가 쉽지만은 않았습니다. 나이가 20대이다 보니, 현실적으로 다른 운영자만큼 많은 돈을 저금해 놓은 상황이 아니었습니다. 실패하더라도 자금의 여유가 있다면 지나간 경험이라 생각하고 다시 보완해서 시작하면 되는데, 있는 돈 없는 돈 끌어모아 시작하는 입장이다 보니 경험으로 치부하기엔 회생하는 데 너무 많은 시간이 걸려서 신중에 신중을 기할 수밖에 없는 상황이었습니다. 그 때문에 필자만의 다른 객관적인 지표로 좀 더 확신을 가질 방법을 모색하였습니다. 이번 장에서는 그 노하우를 공개하겠습니다.

우선 필자는 입주자의 입장에서 쉽게 생각해봤습니다. '내가 입주자라면 쉐어하우스를 어떻게 구할까?'라는 생각에 사람들은 이사하고 싶은 지역의 쉐어하우스를 검색할 것이라고 예상했습니다. 그래서 필자는 우리나라에서 대부분이 사용하는 N 포털 사이트에서 원하는 지역 쉐어하우스의 키워드 조회 수를 확인하는 방법을 활용했습니다.

네이버에 '네이버광고관리시스템'을 검색하고 회원가입을 하면 누구나 조회할 수 있습니다.

해당 페이지에서 필자는 원하는 지역의 쉐어하우스와 다른 지역의 쉐어하우스를 검색하여 비교할 수 있었고, 어느 지역에 검색량이 많은지 파악해서 수요가 얼마나 되는지 대략적으로 파악하게 되었습니다.

이 사이트의 장점은 당월 해당 키워드 조회 수 비교뿐만 아니라 지난 1년간 쉐어하우스의 검색량 변동 추이를 알 수 있는 것입니다. 그렇게 되면 성

수기와 비성수기를 대략적으로 파악할 수 있어서 성수기가 되기 전에 오픈 준비를 서둘러 마무리하거나 비성수기를 피하는 등의 대비가 가능합니다. 따라서 입지 선정이나 시기를 고려할 때 유용하게 활용할 수 있습니다.

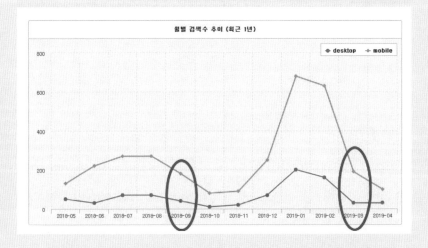

높은 수익률을 위한 쉐어하우스 전대 동의

자금이 넉넉해서 내 집으로 쉐어하우스를 운영한다면 상관없지만, 그게 아니라면 임대해서 쉐어하우스를 운영해야 합니다. 그렇게 하기 위해선 집주인의 동의가 필요합니다.

필자가 예전에 쉐어하우스할 집을 찾기 위해 공인중개사 사무소에 문의하면 열에 아홉의 부동산 사장님들이 "쉐, 뭐요?"라는 반응을 보였습니다. 하지만 요즘은 방송이나 신문에도 많이 노출되어 있는 상황이어서 굳이 설명할 필요가 없어졌습니다. 그래서 예전에 비해 전대 동의가 나름 수월해지긴 했지만 어디까지나 과거와 비교해봤을 때이지 결코 쉬운 것은 아닙니다.

시중에는 전대 동의를 받기 어려운 점을 피하고자 그 해법으로 집주인의 동의 없이도 운영할 수 있는 방법들이 소개되고 있습니다. 그게 바로 전세권설정입니다. 전세권설정등기를 하면 굳이 집주인의 동의 없이도 전대를 운영할 수 있는 권리를 갖게 됩니다. 하지만 이 방법은 추천하진 않습니다. 집주인의 등기권리증과 여러 서류가 필요해 절차 역시 간단한 것도 아니고 비용 또한 적게 드는 게 아니기 때문입니다. 물론 이 방법이 법적으론 문제가 없기 때문에 틀린 방법이라곤 할 수 없습니다. 하지만 부동산 중개업을 한 경험으로 제 사견을 달아보면, 법이란 것은 최소한의 것이라고 생각합니다. 우리가 대화를 하다가 서로 합의점이 나오지 않았을 때, 제일 마지막에 나와야 하는 것입니다. 하지만 앞서 말한 상황은 대화의 절차를 생략한 채, 바로 법적인 것으로 해결하고자 넘어간 것이기 때문에 바람직한 방법이라 생각하지 않습니다. 그래서 사실 필자는 전세권설정에 관한 얘기를 하지 않으려고 했습니다.

그럼에도 굳이 언급한 이유는 보증금을 걱정하는 사람들에게 그 불안감을 해소하기 위한 수단으로 말한 것입니다. 보증금을 안전하게 지키기 위해서는 전입신고와 확정일자 그리고 점유가 필수 조건입니다. 하지만 여러 개 이상을 운영한다면 이 조건들을 지키기가 불가능하고 또 어느 정도 융자가 있는 집이거나 융자가 없는 집이더라도 나중에 어떤 상황이 벌어질지 모르기 때문에 계약하기가 쉽지 않습니다. 이 경우에 전세권설정을 하고 융자와 보증금이 집값 대비 위험한 선이 아니라면, 자신의 보증금에 대해서 안전하게 보호를 받을 수 있습니다.

비슷한 예로 예전에 오피스텔의 경우를 말해보겠습니다. 요즘이야 주거형 오피스텔이 나왔지만, 예전에 오피스텔은 '오피스'와 '텔', 말 그대로 사무실(office)에 무게를 둔 부동산이었습니다. 그래서 임차인이 전입신고를 하면 임대인이 분양받았을 때 받았던 혜택을 토해내야 했기에 많은 임차인이 여기에 골머리를 앓고 있었습니다. 하지만 많은 보증금을 임대인만 믿고 맡길 수 없으니 전세권설정이라는 차선을 이용해서 권리를 지켜냈습니다. 마찬가지로 쉐어하우스도 전세권설정을 통해 지킬 수 있습니다. 이런 이유라면 저 역시도 전세권설정을 반대하진 않겠습니다. 하지만 법적인 걸 해결하기 전에 서로의 합의가 우선이라는 걸 독자분들도 깨달으면 좋겠습니다.

위의 방법 말고도 직접 거주하는 경우 전입을 하면 합법적으로 운영할 수 있습니다. 하지만 이 방법의 전제 조건은 본인이 직접 거주해야 하고 위와 마찬가지로 말이 우선으로 협의가 된 게 아니니, 이 역시 바람직한 방법이라고 말할 수는 없습니다.

그래서 마지막으로 추천해드리는 방법은 정공법입니다. 바로 동의를 받는 것입니다. 물론 쉐어하우스를 모르는 집주인에게 동의를 구하는 건 쉽지 않겠지만, 사실 이 방법이 제일 완벽하고 제일 깔끔한 방법입니다. 그럼 조금 효과적으로 동의를 구하기 위해 도대체 전대 동의를 받기가 왜 어려운지부터 먼저 파악해보겠습니다.

서울에 있는 건물의 임대인 또는 건물주분들 대부분은 나이가 어리기보다 은퇴하거나 은퇴할 시기에 가까운 분들입니다. 그러다 보니 새로운 분야에 뛰어들고 도전하기보다 지금까지 일궈온 것들을 지키려는 성향이 있습니다. 또 다른 이유는 자기 집에 대해 마진을 얹어 더 비싼 가격에 판다는 것에 대해 질투 아닌 질투를 느끼기도 합니다. 물론 운영하는 입장에선 안타깝지만, 저도 아예 그 마음을 모르는 것은 아닙니다. 대부분의 임대인은 앞서 말한 이유로 전대 동의를 꺼리기 때문에 우리는 임대인한테 이런 생각이 들지 않게 해야 합니다. 걱정하는 분들에겐 쉐어하우스가 이상한 사업이거나 새로운 사업이 아니며 임대관리에 보탬이 되는 사업이라는 것을 보여줍니다. 질투하는 분에겐 수익이 난다는 것을 시샘할 수 있으니, 기대 수익률이 높을 경우 수익을 오픈하기 보단 사회적인 이슈를 해결하는 데 의의를 두고 열심히 해보겠다는 성실함과 겸손함을 보여주는 게 좋습니다.

이외에도 다른 팁을 드리자면 공실인 집을 알아보면 설득이 잘 됩니다. 집주인 역시 공실이 싫으므로 좀 꺼림칙하더라도 들어주기 때문입니다. 아니면 오랫동안 한자리에 쭉 있었던 부동산에 찾아가 구하는 것도 방법 중 하나입니다. 그런 부동산의 사장님들은 대개 집을 보여주면서 집주인의 가족사에 대한 연혁을 줄줄이 얘기할 정도로 오래도록 알고 지낸 분들입니다. 그래서 임대인이 부동산 사장님을 믿고 쉽게 계약하는 경우도 있습니다. 상황에 따라 잘 꾸며진 사업계획서보다 그동안 유지했던 관계의 말 한마디를 더 신뢰하기 때문입니다. 하지만 이 모든 것의 기본이 발품이니 부디 발품 파는 것을 게을리하지 않으시기를 바랍니다.

보증금 1,000만 원으로 집 구하기 팁!

　필자는 쉐어하우스를 전대로 운영하는 것 중 몇 개는 보증금이 1,000만 원입니다. 사실 서울에서 쓰리룸을 1,000만 원으로 구하기란 정말 쉽지 않습니다. 그렇다고 제가 부동산 중개업을 해서 남들보다 좋은 매물을 먼저 확보해서 좋은 조건으로 계약한 것 또한 아닙니다.

　저 역시도 여느 일반인과 똑같이 쉐어하우스 할 집을 알아봤을 때, 보증금이 1,000만 원 집을 본 적이 단 한 번도 없습니다. 다 3,000만 원 이상이었지만 설득과 협의를 통해 보증금을 낮춰서 계약했을 뿐입니다. 그렇다고 이게 말처럼 간단히 되는 게 절대 아닙니다. 어떤 계약은 부동산 사무실에서 집주인과 4시간 동안 얘기한 끝에 1천만 원으로 계약한 적도 있고 어떤 집은 이미 유선상으로 3,000만 원에서 2,000만 원으로 조정한 상태고 그 아래로는 절대 안 된다고 했지만, 계약서를 읽으려는 도중에 양해를 구하고 다시 한번 상황을 얘기해서 원하는 조건으로 겨우 맞춘 적도 있습니다. 이렇게 힘들게 계약서를 작성하고 나면 정말 진이 다 빠져 돌아가서 다른 일을 하지 못합니다. 그만큼 힘든 일이지만 그래도 자금이 많지 않은 분들에게 작은 도움이라도 되고자 제가 임대인에게 어떻게 설득했는지를 소개해볼까 합니다.

우선 그전에 임대인이 보증금을 낮춰서 계약하는 것을 왜 꺼리는지에 대해 알아보겠습니다.

임대인이 보증금을 낮춰서 계약하는 걸 꺼리는 이유는 서울에 대부분의 월세 또는 공과금을 합친 금액이 백만 원이 넘는 수준이다 보니 몇 달만 밀려도 임대인이 불안해지는 경우가 발생합니다. 임대인은 또 신분이 확실하지 않은 사람들이 입주해서 주변에 피해를 주거나 집을 함부로 사용하여 손상가게 하는 사람이 있지 않을까 내심 걱정합니다.

그래서 필자는 임대인께 월세일 며칠 전으로 자동이체를 한다고 하고 그래도 반응이 부족하다 싶으면 몇 개월 치를 한 번에 입금하겠다고 합니다. 그리고 쉐어하우스는 공동체 생활이기 때문에 관리자가 오히려 중간에서 들어오는 사람의 신분을 더욱 깐깐히 보고 만약 들어왔는데 문제의 소지가 있다면 강제퇴실까지 한다고 얘기를 합니다.

물론 공실인 집이 그렇지 않은 집보다 보증금 조절이 더 쉽게 됐습니다. 그래서 필자는 공실인 집을 보러갈 때 간혹 임대인이 직접 나와서 보여주는 경우도 있어서 혹시나 대면했을 때 좋은 첫인상을 주기 위해 깔끔한 옷을 입는 편입니다. 그리고 집이 마음에 들어 계약을 하고 싶을 땐 샘플 사진들을 보여주면서 쉐어하우스를 운영함으로써 임대인에게 좋은 장점들을 어필하기도 합니다. 물론 위의 방법처럼 설득한다고 해서 무조건 되는 것은 아닙니다. 정말 마음에 드는 집을 봐서 계약 의사를 밝혔지만 거절한 게 너무 아쉬워서 다음 날 부동산 사장님에게 양해를 구하고 다시 찾아가 설득했지만 임대인이 처음 얘기한 임대 조건을 고수했습니다. 그래도 진인사대천명이란 말이 있듯이, 우리는 할 수 있는 데까지 최대한 해보고 운을 기대하고 뜻대로 되지 않더라도 아쉬움이 남지 않는 것에 만족하며 다른 집을 알아보는 게 좋은 방법이라고 봅니다. 따라서 앞서 설명한 방법으로 설득하고 보증금을 낮춰 계약하는 것 역시 발품을 바탕이 되어야 한다고 생각합니다.

계약서 작성 전후에 꼭 신경 써야 할 것

부동산 계약을 많이 했다면 모를까 사회초년생이나 부동산 계약이 처음인 분에게는 많이 떨릴 것입니다. 부동산 계약도 쉐어하우스와 마찬가지로 변수가 많습니다. 따라서 그때마다 원칙을 아는 것과 모르는 것엔 큰 차이가 있습니다. 이번 장에서는 쉐어하우스를 준비하면서도 필요하지만, 부동산 기초상식으로도 알아야 할 것들에 대해 소개해보도록 하겠습니다.

부동산 계약은 보통 집주인과 하고 그때 등기부를 보며 집주인이 맞는지 확인하는 정도는 대부분 알고 있습니다. 하지만 집주인이 지방에 살고 있거나 일이 있어서 대리인이 나오는 경우도 있습니다. 필자의 경험상 3개 중 1개 정도는 대리인과 계약할 만큼 대리인과의 계약이 꽤 빈번한 일입니다. 만약 필자가 부동산 계약이 처음이고 당일에서야 대리인이 온다는 것을 알았다면 매우 당황스러웠을 것입니다. 게다가 요새 부동산 관련 안 좋은 사건 사고들이 뉴스로 소개되는 경우가 많아 불안하기도 했을 겁니다. 하지만 필자는 그럴 경우를 대비해 매번 계약 의사를 밝힐 때마다, 집주인 본인이 나오는지 아니면 대리인이 나오는지를 꼭 물어봅니다. 만약 대리인이 나온다면 구비서류는 제대로 챙겨오는지까지도 확인해서 사전에 애매하게 진

<u>위 임 장</u>

매매대상물 : 서울시 [   ]
소 유 자 : [   ]

소유자연락처 : 010-[   ]

위 [   ] 에 대하여 아래와 같이 대리인에게 [ ] 관련한 사항을 위임합니다.

1. 대 리 인
 - 성   명 : [   ]

 - 전   화 : 010-[   ]

2. 대리위임할 사항

 - 상기 주소지 [ ]의 임대계약을 포함하는 일체의 행위

   첨   부 : 인감증명서 1부

2019년   월 [ ] 일

위임인(소유자) : [   ]

인감증명서 발급사실 확인용 번호	0580 -
신청인:	담당자:

※이 용지는 위조식별표시가 되어 있음

인감증명서

주민등록 번 호		본 인	대리인
		○	

성 명 (한 자)		인 감	

국 적	

주 소	

용 도	매 도 용	[ ] 부동산 매수자 [ ] 자동차 매수자		
		성명(법인명)	빈 칸	주민등록번호 (법인등록번호)
		주 소 (법인 소재지)		
		위의 기재사항을 확인합니다. (발급신청자) (서명)		
	일 반 용			

비 고	서울시 임대차 위임용

1. 인감증명서 발급사실통보서비스를 신청하면 발급 사실을 휴대폰 문자로 즉시 통보받을 수 있습니다.
2. 인감증명서 발급 신청인이 본인인 경우에는 본인란에, 대리인이 신청하는 경우에는 대리인란에 O표시됩니다.
3. 주민등록번호란에는 미주민등록 재외국민의 경우 여권번호, 국내거소신고자의 경우에는 국내거소신고번호, 외국인의 경우에는 외국인등록번호를 기재하며, 주민등록번호가 있는 경우 그 아래에 ( )를 하고 주민등록번호를 기재할 수 있습니다.
4. 민원인이 요청하는 경우 주소이동사항을 포함하여 발급합니다.
5. 부동산 또는 자동차(「자동차관리법」제5조에 따라 등록된 자동차를 말합니다) 매도용으로 인감증명서를 발급받으려면 매수자의 성명, 주민등록번호, 주소를 확인하고 서명하여야 합니다. 다만, 부동산 또는 자동차 매도용 외의 경우에는 "빈칸"으로 표시됩니다.
6. 용도의 일반용란은 '은행제출용', 'OO은행의 대출용으로만 사용' 등 자유롭게 기재할 수 있습니다. 다만, 피한정후견인의 의사능력이 ... 발급하는 경우에는 담당 공무원이 신청인에게 구체적인 용도를 확인하여 직접 기재하여 발급하여야 합니다.
7. 매수자가 개인사업자인 경우 대표자의 성명, 주민등록번호를 작성하되, 주소는 사업장소재지를 기재합니다.
8. 미성년자, 피한정후견인, 피성년후견인의 표시와 미성년자의 법정대리인, 한정후견인, 성년후견인의 성명 및 주민등록번호의 기재 ... 비고란에 합니다. 비고란은 개명한 사람인 경우 개명 전 성명 등 민원인 요청사항을 기재하면 됩니다.
9. 인감증명서의 발급사실은 전자민원창구(www.minwon.go.kr)을 통하여 「발급일, 인감증명 발급사실 확인용 번호, ... 번호, 발급기관」으로 확인할 수 있습니다.
10. 인감증명서와 동일한 효력이 있는 본인서명사실확인서는 미리 신고해야 하는 불편없이 전국 읍면사무소 및 ... 바로 발급이 가능한 편리한 제도입니다.

위 인감은 신고되어 있는 인감임을 증명합니다.

2019년   월   일

전라북도 익산시 마동장

[4201450015110514904001-1106320541908644   ]주소지 증명청 : 영등1동(42/3)

210mm × 297mm(특수용지 80g/㎡)

행될 부분을 매끄럽게 만드는 편입니다. 그렇다면 대리인이 왔을 때 원칙적인 서류는 어떤 걸까요?

일반적으로 임대인의 신분증, 위임장, 본인이 발급한 인감증명서, 인감도장입니다. 그리고 등기부에 나와 있는 임대인 정보와 일치하는지 확인합니다. 물론 등기부에 있는 임대인 주소는 임대인이 이사를 하고 정정신고를 안 해서 다를 수 있습니다.주소는 다를 수도 있습니다.

그리고 앞장에 위임장과, 인감증명서는 지금 위 내용 아래에 나오는 게 순서상 맞을 것 같습니다.

주의할 것은 설령 대리로 계약하더라도 절대 부동산 사장님의 계좌나 등기부에 나와 있는 다른 이름으로 송금하는 것은 일반적인 상황이 절대 아니니 의심하시고 그 이유를 꼭 물어봐야 합니다.

물론 실무에선 모든 계약을 이렇게 다 챙겨서 하지 않은 적도 있습니다. 근데 그건 어디까지나 보증금이 크지 않았을 경우지 만약 보증금이 크다면 서류를 필히 꼼꼼히 확인해봐야 합니다.

서울에서 월세로 알아보면, 융자가 있는 집과 계약하는 경우가 꽤 있습니다. 이때 보증금이 커서 융자가 있는 상태로 잔금 치르기가 부담스럽다면 상환하는 조건으로 계약해야 하는데, 특약에 융자 상환말소 신청한다는 조건으로 합니다.

이때 가끔 실무에서 벌어지는 사례들을 예로 들어보겠습니다. 우리가 전세로 계약하거나 높은 보증금으로 계약할 때 대체로 융자를 상환하는 조건으로 계약하는데 그 이유는 무융자 상태로 계약하는 것과 같은 효과를 보기 위해서 입니다. 하지만 실무에선 간혹 상환하는 것에만 초점을 맞추는 분들이 있습니다. 쉽게 말해서 등기사항전부증명서(등기부)에 나와 있는 융자 부분은 융자를 상환했다고 사라지는 것이 아닙니다. 등기부에서 말끔히 없어지는 말소신청까지 해야 하는데, 상환하는 것에만 초점을 두고 하지 않는 분들이 꽤 있습니다. 그러면 말소가 되지 않는 한 임대인은 언제든지 다시 융자를 받을 수 있습니다. 따라서 등기말소까지 해야 융자가 없는 상황과 같게 되니 꼭 잔금일에 융자 상환영수증과 말소신청 영수증을 확인하시기 바랍니다.

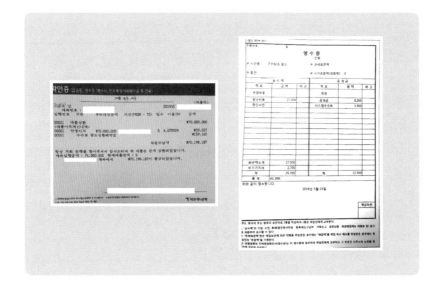

몸이 고생해야 머리가 편하다

"머리가 좋아야 몸이 편하다."

어렸을 때부터 지겹도록 귀에 못이 박이도록 듣던 말입니다. 공부하라는 부모님의 말씀에 항상 뒤이어 나오는 단골 멘트였죠. 이제는 스마트 시대라 앉아서 예전보다 더 똑똑하게 머리를 써보면 굳이 몸으로 움직이지 않더라도 많은 정보를 습득하고, 웬만한 일을 처리할 수 있게 되었습니다. 이러한 변화는 부동산 시장에서도 적용되는 게 아닐까 싶습니다. 부동산 매물도 이제는 직접 가보지 않더라도 워낙 광고가 잘 되어있어 대략적인 정보들을 어렵지 않게 알아낼 수 있습니다.

하지만 안타깝게도 다른 건 몰라도 부동산 쉐어하우스 집 계약만큼은 머리로만 판단하는 게 아닙니다. 이론적으로 잘 무장되어 있어도 직접 현장에서 느껴지는 것들을 오감으로 파악하는 것이 중요합니다. 너무 당연한 말이라 많은 분이 머리로는 이미 알고 있겠지만 몸이 피곤하다 보면 달콤한 유혹에 빠져 잘못 판단하는 것을 여럿 봤는데, 대부분 직접 가서 체크해보지 못한 것을 후회하게 됩니다.

비록 몸을 많이 쓰면 육체적으로 피곤하겠지만 오히려 몸이 좀 고생해야 마음이 편해집니다. 처음 집을 구하는 분들은 그저 사무실에 앉았다가 일어나서 좀 걷고 집을 보는 거라 보통은 쉽게 생각하는데 이게 생각보다 매우 피곤한 일입니다. 그냥 앉았다 쇼핑하듯 훑는 게 아니고 처음이다 보니 기준도 잡혀있지 않은 상태에서 이것저것 고민하고 따져봐야 하는 거라 몸도 정신도 쉴 새가 없어 금세 피로가 쌓입니다. 그렇게 서너집 정도만 돌아보면 지쳐서 이제는 직접 가기보다 컴퓨터나 모바일로 위치와 사진만 보고 조건만 맞는다면 계약금을 넣고 싶다는 충동이 들기도 합니다. 만약 그때 몸이 이끄는 대로 혹은 지쳐서 대충 훑고 계약을 결정했다면, 마찬가지로 나중에 분명 속 썩일 문제가 생겨서 내체로 후회할 것입니다. 설령 후회는 하지 않을지언정 혹시나 다른 매물은 더 좋지 않을까 하는 아쉬움이 남을 것입니다. 그렇게 되면 매물에 대한 확신이 없어집니다. 별것 아닌 것처럼 보이겠지만 결코 그렇지 않습니다.

집 구하는 것을 끝내면 인테리어도 신경 써야 하는데, 그 과정에서도 지칠 수 있는 여지가 있습니다. 그때 매물에 대한 확신이 있느냐 없느냐의 차이는 극명합니다. 뭐든 처음이 어렵듯이 인테리어 작업이 처음이라 힘이 들더라도 매물에 대한 확신이 있다면 거기에 힘을 얻고 계속할 수 있지만, 확신이 없으면 자신의 쉐어하우스에 대해 의문이 들면서 그 과정에서 정체되기 쉽습니다.

그러니 처음에 집 구하는 단계를 쉽게 보지 마시고 어느 정도는 힘들 거라 미리 각오해야 합니다. 아무리 지도상으로 역과 거리가 가까운 것 같아도 막상 가보면 경사가 급하거나 좁은 길목이라 밤에는 음침할 수도 있습니다. 설령 로드뷰로 주변을 둘러봐서 주변이 괜찮아 보여도 주변 상점이 문을 닫거나 다른 곳으로 새로 바뀌거나 공사하는 현장이 생길 수 있으니, 몸은 지치더라도 절대 사진만 보고 판단하지 말고 직접 현장에 가봐야 합니다.

그리고 실제로 보더라도 주변 길목을 면밀히 살피며 둘러봐야 합니다. 보통 시간이 부족하고 피곤하기 때문에 차로만 가기도 하는데 계약하고 싶은 집을 발견했다면 직접 주변을 걸어다니면서 동네 분위기를 확인해야 합니다. 쉐어하우스 입주자의 대부분은 여성입니다. 그 때문에 골목이 한적하거나 밤에 으슥한 길이라면, 여성분이 괜찮다고 하더라도 같이 집을 보러 온 부모님 입장에서는 걱정이 앞설 것이니 이점까지 유념해야 합니다.

요새는 공인중개사 사무소도 예전의 복덕방 이미지를 탈피하기 위해 깔끔하고 정갈하면서 최신식 장비를 도입하여 손님들에게 멋지게 브리핑을 합니다. 하지만 좋은 매물은 그런 것과는 상관이 없습니다. 우연히 발길을 돌린 사무실에 방문해보면, 부동산 실장님의 허름한 노트에서 다른 부동산에 공유하지 않은 보물 같은 매물이 나오기도 합니다.

그러니 광고에 적당한 매물이 없다고 집에서만 새로운 매물이 나오길 기다리지 마시고 그럴 때일수록 직접 주변 거리를 체감하고 발길이 닿는 부동산에 들러서 물어보기도 해야 합니다.

공인중개사가 알려주는 계약 협상 꿀팁!

모든 임대인이 월세도 저렴하게 해주면서 집도 깨끗하게 수리해서 제공해주면 얼마나 좋을까요? 좋은 임대인을 만나는 것도 인복 중 하나인 것 같습니다. 하지만 인복이라고 할 만큼 그게 쉽게 맺어지는 게 아닙니다. 매수하기가 부담스러워 임대로 집을 알아보면, 전세는 전세가 귀하다는 이유로 집에 신경을 안 써주는 게 태반입니다. 그렇다면 월세라면 달라질까요? 안타깝게도 또 그렇지도 않습니다. 월세도 집주인 나름입니다.

아무래도 필자는 부동산 중개업을 하다 보니 당연히 일반인보단 부동산 계약을 많이 해봐서 어떻게 해야 계약이 매끄럽게 흘러가는지 알고 있습니다. 게다가 어떤 상황에서 어떤 점을 얘기하고 어떻게 대처해야 유리하게 협상을 이끌 수 있는지에 대해서도 일반인보단 많이 알고 있다고 생각합니다. 저 역시도 중개업 경험을 바탕으로 실제로 쉐어하우스 집을 구할 때 적용하여 제가 원하는 방식으로 진행하기도 했습니다. 제 경험을 바탕으로 일반인도 쉽게 적용할 수 있는 몇 가지 팁을 알려주도록 하겠습니다.

우선 집을 알아볼 때 입주는 한 달에서 한 달 반 사이에 입주하며 상황에 따라 입주를 조금 당길 수도 있다고 얘기합니다. 이유는 이 기간이 가장 집을 알아보기 적당한 때이기도 하고 또 우리가 바로 입주한다고 하기엔 인테리어 컨셉을 잡고 물품을 발주하고 꾸미기 등 여러 가지에 시간이 소요되며 그 기간에 날짜에 대한 해당하는 월세를 다 날려버리기 때문입니다. 또한, 뒤이어 설명해 드릴 협상을 하기에 적합한 기간이기도 합니다.

첫 번째, 공실을 공략하는 방법입니다.

지피지기면 백전백승입니다. 협상에 앞서 집주인이 가장 두려워하는 것을 알아야 합니다. 대부분의 집주인이 무서워하는 것은 바로 공실입니다. 그래서 필자는 공실을 이용해서 협상을 시도하는 편입니다.

집을 찾다 보면 공실인 집을 볼 때가 종종 있습니다. 공실인 것을 보고 무슨 이유가 있겠지 하고 오히려 계약하기를 꺼리는 경우도 있는데, 필자의 경험상 공실이 된 집은 계약을 하겠다는 사람이 있었으나 계약자의 사정상 계약을 이행할 수 없게 돼서 계약이 파기된 경우도 있습니다. 그리고 임대인의 조건 변동으로 인해 예전에는 매매로 알아봤지만 원하는 가격에 매도되지 않아서 임대로 돌리는 경우도 있습니다.

그래서 필자는 공실인 집도 마다하지 않고 봅니다. 실제로 직접 제가 가보고 마음에 든다면 어떤 이유로 공실인지 부동산에 물어봅니다. 별문제가 없다고 판단되면 필자는 입주가 원래는 한 달 정도 뒤인데 날짜를 조금 앞당기는 조건으로 보증금이나 월세를 조정합니다. 날짜를 앞당기는 것과 보증금, 월세를 낮추는 게 무슨 관련이 있는지 궁금할 수도 있으실 텐데, 아무런 조건 없이 덜컥 금액을 네고negotiation하는 것과 임대인의 입장을 고려하여 입주할 때 손해를 보는 것을 어필하며 네고하는 것은 분명 결과가 많이 달라집니다.

두 번째, 마음에 드는 집을 보더라도 계약할 의사를 먼저 밝히지 않습니다.

이 경우는 제가 저렴한 집을 알아보다가 내부 컨디션은 조금 아쉽지만,

위치와 다른 조건 등은 만족했을 때 활용했던 방법입니다. 만약 계약하고 싶은 집을 발견했다면 우선 어디까지 수리를 해줄 수 있는지 물어봅니다. 속담에 화장실 들어갈 때와 나올 때 다르다는 말이 있습니다. 계약할 의향을 밝히고 그 후에 임대인한테 어디까지 수리해줄 수 있는지 묻는 것과 계약 의사를 밝히기 전에 어디까지 해줄 수 있는지 묻는 것은 별것 아닌 것처럼 보여도 실제로 많은 차이가 있습니다.

세 번째, 잔금일 전에 물건을 들여놓고 꾸밀 수 있게 협상합니다.

물론 계약서 작성일이 잔금 치르는 날인 경우도 간혹 있지만 대체로 작성일과 잔금지급 날짜는 다릅니다. 월세를 내는 입장에서 시간이 돈이다 보니 최대한 빨리 오픈하기 위해 만반의 준비를 하겠지만 그 과정에서 자칫 예민해지기 십상입니다. 하지만 미리 짐을 들여놓고 꾸밀 수 있다면 우리 입장에서 여유가 생긴 것이니 이것 역시 정말 중요한 협상이라 할 수 있겠습니다. 여기서 '우리 입장이야 계약했으니 어차피 들어올 건데 뭐 어때?'라고 생각하며 짐을 미리 넣는다면 임대인 입장에선 무례하게 볼 수 있기 때문에 먼저 물어보고 좀 꺼려한다면 보증금을 미리 드리는 조건으로 다시 제안드려야 협상이 좋은 결과로 이어집니다.

그리고 마지막으로 이건 협상은 아니지만 가장 중요한 거라고 생각합니다(저는 협상을 함과 동시에 어떻게 되든 저에게 도움이 되는 거라고 봅니다). 위에 서술한 것들은 유리한 조건을 만들기 위한 목적도 있지만 결렬되어도 적어도 아쉬움이 남지 않는 계약이 됩니다. 따라서 제안이 받아들여지면 그것대로 좋고 결렬이 되더라도 아쉬움이 남지 않아 좋은 상황이 됩니다.

그러니 요청을 들어줬다면 계약서 작성할 때 임대인한테 편의를 봐준 거에 대해 감사 인사를 드리고 거절했다 하더라도 집주인한테 좀 어려운 상황이라 그런 부탁을 드렸던 거니 자칫 무례하게 보일 수도 있었던 점에 대해 먼저 정중히 사과한다면 계약서 작성 당시 분위기도 좋게 흘러갈 것입니다.

4장

인테리어

직장인도 쉽게 따라 하는
인테리어 팁

사무실 책상에서 쉐어하우스 꾸미기

인테리어를 시작하기에 앞서 우리는 환경에 맞게 어떤 크기의 제품을 사야할지 원하는 인테리어 컨셉에 맞게 어떤 제품을 골라야 할지 정해야 합니다. 하지만 처음 하는 입장이라면 위의 단계들이 막막하기만 할 뿐입니다. 만약 처음 인테리어를 준비하더라도 쉐어하우스에만 몰두할 수 있는 여건이라면, 그나마 부담이 덜하겠지만 처음부터 전업으로 하기에는 어려움이 많습니다. 저 역시도 마찬가지로 처음에는 쉐어하우스에만 전념할 수 있는 상황이 아니었기 때문에 일과 병행하기가 매우 힘들었습니다. 하지만 호점을 점점 늘려가면서 노하우와 작업에 도움을 받을 수 있는 유용한 앱들을 알게 됐고 그것들을 활용하여 시간을 단축하며 수월하게 작업을 마치게 될 수 있었습니다. 우리는 4차산업을 앞둔 정보화 사회에 살고 있습니다. 주변을 보면 정말 많은 정보를 손쉽게 얻을 수 있지만, 정보가 너무 많다 보니 오히려 혼란스럽고 활용을 더 못하기도 합니다. 그래서 이번 장에는 필자가 유용하게 활용하고 있는 앱들을 소개해볼까 합니다.

magic plan 이라는 평면도 앱입니다.

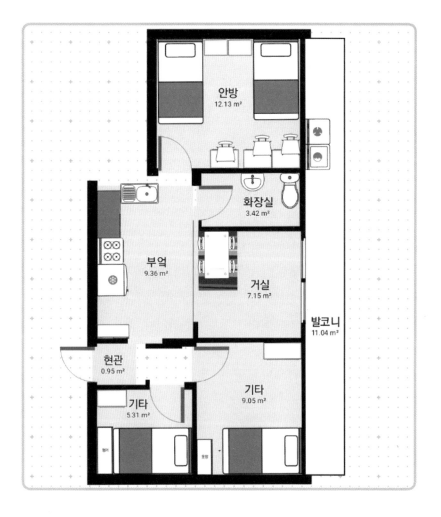

이 앱이 없으면 직접 도면을 그려야 합니다. 도면을 그리는 건 사실 어려운 일은 아니긴 합니다. 하지만 필자는 도면뿐만 아니라 가구 역시 크기를 설정하고 방의 구조에 맞게 배열하고 여기저기에 배치해봅니다. 그러면 굳이 직접 옮기지 않아도 어떤 게 적합한 배치인지 손쉽게 파악할 수 있습니다. 게다가 2d로만 할 수 있는 게 아니라 가구들의 높이까지 세팅할 수 있어 3d 입체로 공간적인 구현이 가능하기 때문에 더욱 구체적인 느낌을 미리 알 수 있습니다.

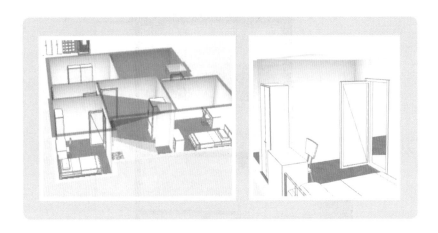

또 이 앱의 장점은 매우 디테일한 인테리어 소품까지 미리 배치할 수 있어 유용하게 활용할 수 있습니다. 평면도 앱이라면, 시중에 다른 앱도 많이 있으니 본인에게 맞는 것을 골라 쓰셔도 무방합니다.

두 번째 '애니맨'이라는 앱입니다.

필자는 해당 앱을 정말 잘 활용하는 편입니다. 애니맨이란 "사용자가 쉽게 못 하는 작업들을 대신 해줌으로써 수행자에게 상응하는 금액이 지불하는 앱"입니다. 필자의 경우 가구를 살 때 가격과 디자인을 고려하여 심플한 가구들을 사는데, 보통 가격이 저렴하면 대부분 조립제품입니다. 그때 저는 제가 직접 조립하지 않고 애니맨 앱을 통해 대신 조립해줄 사람을 구합니다. 또한, LED 교체 작업이나 페인트칠, 그리고 기타 다른 일 역시도 의뢰할 수 있기에 필수적인 앱이라고 생각합니다. 이 앱의 장점은 후기를 보고 작업자의 성향과 완성도를 판단하여 선택할 수 있고, 가격 설정 또한 경쟁입찰이다 보니 더욱 합리적인 가격으로 작업을 마무리할 수 있습니다.

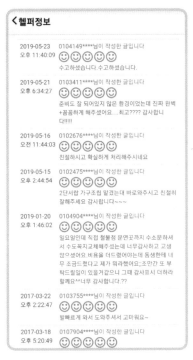

애니맨 의뢰요청에 대한 한 가지 팁을 말씀드리자면, 애니맨으로 요청을 할 때 쓰레기 처리하는 것까지 기재해야 나중에 얼굴 붉히는 일이 없습니다. 별것 아닌 것처럼 보이지만 많은 물품을 하루 만에 뜯고 새로 교체하기 때문에 쓰레기들이 꽤 많이 나옵니다. 그것들만 혼자서 처리하더라도 여간 피곤한 게 아니니 참고하시길 바라겠습니다.

하루 만에 끝내는 인테리어

앞장에서는 인테리어 할 때 활용할 수 있는 앱들로 어떻게 인테리어를 할지 계획을 세웠다면, 이번 장에서는 제가 실제로 적용하는 방법을 소개하도록 하겠습니다.

필자의 경우 쉐어하우스를 임대해서 구하다 보니 시간이 곧 돈과 직결되어서 최대한 빨리 인테리어를 마무리 지어야 했습니다. 그리고 본업이 따로 있기 때문에 시간을 내기가 여의치 않아서 가급적 한 번에 많은 일을 처리하는 것이 여러모로 좋은 상황이었습니다. 그러기 위해선 절대 혼자서는 빠르게 작업할 수 없다고 판단돼서 선택한 방법은 대신 작업할 사람을 모집하는 것이었습니다. 물론 돈만 많이 준다면 어렵지 않게 구할 수 있지만, 한정된 예산 안에서 최대한 잘 활용하려면 얘기가 달라집니다. 어떤 작업에 인원이 몇 명 필요한지, 또 작업 소요시간이 얼마나 걸리는지, 작업 난이도는 어떤지를 알아야 적정 인원을 고르게 분배할 수 있습니다.

먼저 하루 만에 끝내기 위한 전제 조건이 있습니다. 우선 작업을 시작하기 전에 세팅할 물건들이 미리 다 배송되어야 합니다. 공실이라면 앞편에서 설명한 방법으로 임대인께 미리 양해를 구하고 택배 같은 물품을 안에 들여놓고 공실이 아니라면 물건들을 주문할 때 특정한 날짜에 맞춰 오게 판매자에게 미리 배송요청을 하는 편입니다.

필자는 배송이 밤늦게 올 경우를 대비해 배송 완료된 다음 날에 4명의 작업자를 미리 구합니다. 그중 한 명은 전기작업자로 구해서 거실, 주방, 방, 화장실 등의 조명 교체할 것을 요청합니다. 등 교체하는 게 한번 해보면 어려운 작업은 아니지만, 그래도 숙련자가 일도 확실하게 마무리하고 빨리 끝냅니다.

필자의 쉐어하우스는 가성비를 고려하여 제품을 구매하기 때문에 옷장과 책상은 대부분 DIY 제품으로 조립할 제품들이 꽤 많습니다. 그래서 조립 인원을 두 명 구합니다. 그리고 나머지 한 명은 문고리 교체 및 스위치 커버 교체 또는 커튼 설치를 하라고 합니다.

여기서 주의할 점이 있습니다. 사전에 약속했다 하더라도 사람 일은 또 어떻게 될 줄 몰라 갑자기 취소하는 경우도 있고 게다가 작업자가 한 사람이 아니라 네 사람 이상이다 보니 변수가 생길 확률이 높아집니다. 그런 걸 미리 염두에 둬서 필자는 하루 전이나 당일 오전에 일정 변동이 없는지 재차 확인하고 만일 변동이 생기면, 그 상황에 맞게 빨리 대처할 수 있게 조처합니다.

사실 필자는 위의 작업을 다 할 줄 압니다. 하지만 실제로 작업에 직접 나서서 관여하지는 않습니다. 쉐어하우스를 준비하는 과정에서 제일 중요한 건 끝날 때까지 지치지 않는 것입니다. 인테리어 작업에서 모든 과정이 끝난다면 문제가 없지만, 그 이후에도 다른 작업들이 남아있기 때문에 굳이 나서서 힘을 빼진 않습니다. 물론 인건비가 나가긴 해서 지출이 늘긴 하지만 차라리 인건비를 내고 빨리 끝내는 게 훨씬 남는 장사라고 생각합니다.

그리고 관리 감독만 한다고 해서 작업 내용을 몰라도 되는 건 아닙니다.

본인도 작업을 어느 정도 할 줄 알아야 시킬 줄도 압니다. 나이가 어려 경험해보지 않아 모른다면 인터넷에 찾아서라도 공부해야 합니다. 오히려 나이가 어릴수록 작업요청을 더 똑 부러지게 할 줄 알아야 합니다. 유튜브에서 검색해보면 어렵지 않게 많은 영상을 볼 수 있습니다. 알고 있는 것과 아무것도 모르는 것에는 엄청난 차이가 있으니, 조금이라도 시간을 내어 시청하는 것을 추천합니다.

분위기를 180도 바꿔주는 가성비 3가지

필자는 지점을 늘리는 과정에 오래된 집의 분위기를 바꾸기 위해 여러 종류의 제품들을 다양하게 사용해봤습니다. 사용하면서 분위기가 달라진 제품들이 꽤 있지만, 그중에서 가장 효과가 좋다고 생각한 세 가지를 소개할까 합니다. 만약 인테리어에 시간과 비용에 여유가 없더라도 이 세 가지만이라도 투자해서 기존 집보다 훨씬 미적으로 향상되고 입주자에게 매력적으로 어필해보시기 바랍니다.

🏠 1. 조명

아마 제목만 보고도 아주 쉽게 예상했을 겁니다. 여러 인테리어 방송이나 책 등에서 항상 소개되는 메인 주제가 아닌가 싶습니다. 아무리 강조해도 부족함이 없는 게 조명입니다. 조명은 분위기를 확 바꿔주기도 하면서 사진도 아주 이쁘게 찍히게 해주는 제품입니다. 하지만 그 효과를 잘 알면서도 교체할 줄도 모르고 사람을 부르면 인건비 비용이 비쌀 것 같아 그냥 기존에 무난하게 되어있는 조명을 쓰려고 하는 분들이 있습니다.

잠깐만 시간을 내어 인터넷에 검색해본다면 의외로 비싸시 않다는 것을 금방 알 수 있을 것입니다. 공구도 없고 복잡해서 못 하실 것 같다면 앞장에서 소개한 애니맨 앱으로 의뢰만 하더라도 문제는 의외로 쉽게 해결됩니다.

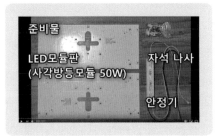

🏠 : 2. 러그

러그 역시 비용 대비 인테리어 효과가 매우 뛰어나다고 생각합니다. 러그는 바닥에 깔아만 주면 되는 거라 설치 부담도 없을 것으로 생각됩니다. 자칫 밋밋해 보일 수 있는 거실이나 방에 러그가 있으면 사진 찍었을 때도 포근한 느낌을 주면서 실제로 집을 봤을 때 따뜻한 느낌이 들게 해서 필자가 강력히 추천하는 제품입니다.

🏠 ⋮ 3. 커튼 및 블라인드

사실 커튼과 블라인드는 어떤 재질을 쓰느냐에 따라 비용이 꼭 저렴하다고 할 수는 없지만, 그 이상의 효과를 내기 때문에 가성비가 맞다고 봅니다. 달기만 해도 분위기가 180도 다르게 연출돼서 비용이 전혀 아깝지가 않습니다. 물론 햇빛을 가리는 용도도 있지만 컨셉과 맞지 않는 부분을 가리는 용도로 쓰기도 합니다. 블라인드와 커튼 모두 각각의 분위기 있으니 취향에 맞게 선택하면 됩니다. 처음이라 색상 선택이 어렵다면 다채로운 컬러보다 무난한 화이트 색상이 좋습니다.

시간을 아껴주는 발주 팁!

인테리어를 할 때 가구 및 가전들의 배송기간과 작업 소요시간을 파악하는 것도 매우 중요합니다. 시간이 돈이다 보니, 인테리어를 최대한 빨리 마치기 위해 배송이 오래 걸리는 물품 순으로 구매해야 한날한시에 물품을 받고 조립과 가구 배치를 할 수 있습니다. 배송 일정은 보통 부피가 크고 무거운 제품이 오래 걸린다고 생각하면 편합니다. 물론 회사마다 다 다르지만, 필자가 실제로 발주하는 순서를 정리해보겠습니다.

보통은 침대, 식탁, 세탁기, 냉장고 등 부피가 큰 것들을 구매합니다. 이것들은 회사와 구매처에 따라 빠르면 2~3일 내에 올 때도 있지만 주문량과 재고상황에 따라 대체로 7~14일 정도는 생각해야 하기 때문에 대략 2주 전에 구매하는 게 좋습니다.

사실 이것들만 구매하더라도 나머지는 배송이 오래 걸리지 않는 편이니 여유가 생깁니다. 하지만 간혹 이쁜 디자인의 제품들은 품절되는 경우도 있으니, 쉐어하우스로 운영할 집이 공실이라면 집주인께 양해를 구하고 큰 물품을 구매할 때 한꺼번에 같이 구매해서 먼저 배송이 오게 하는 것도 좋습니다. 공실이 아니더라도 구매하기 전에 배송지정일에 맞춰서 배송해달라고 하면 웬만한 업체들은 다 맞춰주는 편입니다.

참고로 이때 많은 물품을 한 번에 구매하다 보니 여러 택배사로 나눠서 배송되곤 합니다. 그렇다고 매번 가서 문을 열어줄 수 없는 상황이고 또 그냥 앞에다 놔두자니 이웃의 통행에 방해와 혹시 모를 분실사고도 신경이 쓰여서 필자는 택배기사님한테 비밀번호를 알려주고 안에 놓고 가달라고 부탁을 합니다.

|tip|

제품이 많다 보니 환불하거나 재고를 파악할 때 어려움이 있습니다. 그래서 필자는 주문한 내역을 엑셀에 정리하는 편입니다. 그래야 어떤 제품을 어디에서 샀고, 언제 배송이 됐고 되는지를 쉽게 파악하여 나중에 교환이나 환불을 할 때 쉽게 처리할 수 있습니다. 엑셀에 정리할 때는 물품, 금액, 사이트 등을 기록합니다. 별것 아니지만 밀리면 생각보다 꽤 많은 일이 되고 복잡해지니 그때그때 처리하는 게 좋습니다.

인실	물품	개당금액	개수	구매처	링크	기타
B룸	침대	20	1	네이버 페이	https://shopping	
	커텐옷장	5.4	1	네이버 페이	https://smartstore	
	책상	5	1	오늘의집	https://ohou.se/p	
	의자	2	1	네이버 페이	https://smartstore	
	거울	1	1	네이버 페이	https://smartstore	
	블라인드	5	1	쿠팡	https://www.coup	
	조명	2	1	네이버	https://smartstore	
	침대시트	1.2	1	쿠팡	https://www.coup	
	러그	1.5	1	네이버 페이	https://smartstore	

이것만 잘해도 일이 반으로 준다

자금의 여유가 있어 신축 집을 운영하고 가구와 가전도 비싸고 좋은 것 위주로 세팅하면 당연히 인테리어 분위기는 좋아집니다. 하지만 저렴한 집을 알아본다면 내부 상태가 좋지 않을 수밖에 없어 이것저것 손 볼 곳이 많습니다. 그러다 가끔 어떤 집을 보면 아쉬운 점을 넘어서 어떻게 인테리어를 시작해야 할지 심란한 부분들도 있습니다. 아예 철거하고 이참에 새것으로 교체하는 게 마음이 편하지만, 사업이다 보니 비용을 무시할 수 없어 딜레마에 빠질 때가 있습니다. 게다가 전대로 운영한다면 내 집도 아니라 마음대로 철거도 못 하고 변색된 부분을 페인트칠하자니 시간과 손이 많이 가서 번거롭고, 그렇다고 하나만 새것으로 교체하면 나머지도 수리해야 될 것 같아 애매한 부분들이 있습니다.

이럴 때 필자는 교체하기보다 가리는 데 초점을 맞춥니다. 요즘은 이런 고민을 하는 사람들을 위해 이쁘게 가리는 제품들이 많이 나오는 것 같습니다. 이것들만 잘 활용한다면 비용도 훨씬 적게 들고 시간적인 여유도 생기면서 또 가리는 것으로도 충분히 인테리어 분위기도 살릴 수 있게 됩니다. 그래서 이번 장에서는 몇 가지 상황에서 기존에 옥에 티 같은 느낌을 지워버리고 인테리어가 잘 연출된 쉐어하우스처럼 탈바꿈하는 좋은 팁들을 소개해보도록 하겠습니다.

오래된 집을 계약하면 창문틀 색상이 독특하여 요즘 분위기에 맞게 인테리어 하기가 어려울 때가 많습니다. 이 경우 주방 커튼 가리개로 창문을 가려서 분위기를 산뜻하게 바꿨습니다.

하지만 모든 종류의 창문을 면 재질로 가리는 것은 아닙니다. 화장실의 경우는 좀 다릅니다. 주방이야 넓은 공간이니까 문제가 되지 않지만, 화장실은 잠깐 샤워만 하더라도 물기가 묻기 쉬워서 곰팡이가 슬고 젖기 쉽습니다. 이럴 때 필자는 습도에 강하고 부식되지 않는 알루미늄 블라인드를 써서 가려줍니다.

다음은 화장실 바닥입니다. 오래된 주택들을 보면 화장실 바닥이 옥색, 갈색, 빨간 주황색 느낌이 나서 매력도를 확 떨어뜨리는데, 그럴 때 적당한 색상의 화장실 매트를 깔아 시각적으로 오래된 느낌을 없애줍니다. 화장실 매트는 배수에도 문제가 없고 미끄럽지 않게 해주어 안전사고를 예방하는 데 도움을 주기도 합니다.

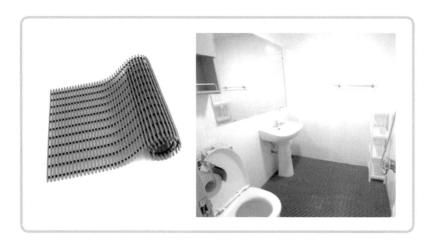

다음은 벽지에 못 자국이나 찢어진 자국 또는 오래된 인터폰이 있는 경우입니다. 사실 요즘 인터폰이야 평평하게 모양이 잘 나오지만, 예전 인터폰은 전화기 마냥 주렁주렁 돼지 꼬리가 붙어 있고 누렇게 변색되어 보기가 좋지 않습니다. 하지만 임대한 집이다 보니 뜯어버릴 수도 없어서 필자는 행잉패브릭으로 가려주어서 심심했던 벽지에 포인트를 주기도 했습니다.

디테일의 미학

프로와 아마추어의 차이는 디테일에서 드러납니다. 누군가에겐 별것 아닌 것처럼 보이는 게 누군가에겐 그냥 넘어갈 수 없는 부분이 됩니다. 그것을 사소한 부분이라 치부하여 무시하는 것과 신경 써서 바꾸는 것은 생각보다 차이가 큽니다. 작은 것처럼 보이지만 입주자들에겐 관리에 신경을 쓰는지 여부를 간접적으로나마 알 수 있는 판단 기준입니다. 그래서 필자가 가급적이면 그 사소한 부분까지도 신경 쓰기 위해 지치지 않는 게 중요하다고 재차 강조 드렸던 이유입니다.

쉐어하우스는 누가 뭐래도 보이는 게 정말 중요합니다. 쉐어하우스의 주 수요층인 20대 여성들은 특히 더 섬세하기 때문에 우리는 그 수요층 눈에 맞춰서 신경을 써야만, 그들에게서 원하는 반응을 끌어낼 수 있습니다. 따라서 지치더라도 이러한 사소한 부분을 자각했다면 돈을 지불해서라도 수정하는 편이 좋습니다. 물론 그게 시간과 비용 대비 적합한지도 따져봐야할 문제라 처음에는 잘 모를 수 있습니다. 이번 장에서는 필자가 실제로 효율적으로 효과를 봤던 것들을 소개해볼까 합니다.

첫 번째 몰딩과 걸레받이입니다.

처음 쉐어하우스를 운영하면 대체로 광고를 통해 문의를 받습니다. 따라서 광고로 어필되지 않으면 견학 문의 자체가 오지 않습니다. 그래서 사진을 잘 찍어야 하는데, 사진에 영향을 주는 게 몰딩과 걸레받이입니다. 오래된 집의 특징은 몰딩과 걸레받이가 화이트 계열이기보단 검은색이거나 체리색인 경우가 많습니다. 만약, 후자라면, 그 상태 그대로 요즘 느낌의 인테리어 컨셉으로 작업하기 어렵고, 그렇다고 몰딩과 걸레받이에 맞춰 컨셉을 잡자니 매력적으로 어필될 여지가 없어 선호도 차이가 분명하게 나눕니다.

또한, 검은색과 체리색처럼 진한 색깔은 시각적으로 구분 짓기 때문에 공간을 더 좁게 느껴지게 합니다. 따라서 이러한 단점들을 보완하기 위해선 몰딩과 걸레받이를 화이트 계열이나 무채색 계열로 맞추는 게 좋습니다. 그렇다고 색깔을 바꾸기 위해 페인트칠을 생각한다면 그것 역시 시간과 체력적인 여유를 한 번 더 고민해볼 필요가 있습니다.

사실 필자 역시도 드라마 속 또는 여느 인터넷에 페인트칠 비포 애프터의 후기처럼 나름 해보고 싶은 로망이 있었는데, 실제 작업하면 페인트 냄새에 머리가 어지럽기도 하고, 생각만큼 만족스러운 결과가 나오지 않습니다. 그뿐만 아니라 페인트 작업은 준비하는 과정만 해도 꽤 번거로운 작업이기 때문에 테이프를 붙이는 작업을 선택했습니다. 페인트칠보다 작업시간도 훨씬 짧고 체력적인 소모 많이 줄어들고 결과도 훨씬 낫습니다.

두 번째는 문고리입니다.

가격이 저렴한 집을 찾다 보면 동그란 문고리를 쓰는 곳을 어렵지 않게 보게 됩니다. 혼자 쓴다면 크게 신경 쓰지 않지만 쉐어하우스 할 집에 그대로 쓰기엔 이런 문고리는 누가 봐도 오래된 느낌을 줍니다. 그래서 필자는 그 집을 계약한다면 필히 문고리를 구매하여 교체합니다. 이때 주의할 점은 화장실은 열쇠가 없는 문고리로 해도 되지만 각 방은 열쇠가 있는 문고리로 교체하는 게 좋습니다.

세 번째는 스위치와 전기 코드입니다.

위의 경우처럼 동그란 문고리를 쓴다면 아마 코드나 콘센트 커버 색깔 또한 오래돼서 변색된 경우가 많습니다. 이 경우 역시 입주자들이 보기엔 오래되고 관리가 되지 않았다는 느낌을 주니 새것으로 교체하는 것을 추천합니다.

다소 심심해 보이는 싱크대와 신발장 손잡이를 교체하여 느낌을 바꿔주는 것도 좋은 방법입니다. 싱크대의 경우 대체로 규격 사이즈이지만 그래도 간혹 다를 수 있으므로 간격을 재서 사이즈에 맞는지 확인해보고 구매하는 것을 추천합니다.

알고 있었다면 진작에 구매했을 아이디어 상품들

집을 꾸미다 보면 이런 제품이 있으면 좋겠다 하는 아이디어 제품들이 실제로 판매되고 있어 매우 반가울 때가 있습니다. 기존 틀에서 벗어나 신기하기도 하면서 효용성 또한 높은 제품들이라 구매욕이 생깁니다. 또 상황에 따라서는 현실적인 문제를 해결해주면서 기능성뿐만 아니라 디자인까지 모두 만족시켜주는 매우 좋은 제품들이 있습니다. 이런 것들을 꾸미기 전에 미리 알고 있다가 적재적소에 사용하면 참 좋을 것 같습니다. 그럼 지금부터 아이디어 제품들을 소개해보도록 하겠습니다.

🏠 두 가지 느낌의 불빛이 가능한 제품

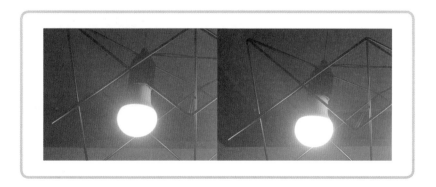

    필자는 선택하는 데 좀 오래 걸리는 편입니
다. 두 가지 중 하나를 골라야 하는 상황에서
둘 다 장단점이 비슷하다면 선택하는 데 시간
을 너무 뺏겨 그냥 맘 편히 두 개다 고르는 편입
니다. 그래서 가급적 하나의 제품으로 모든 기
능이 되는 걸 바랐던 것 같습니다. 지금 생각해보면 별것 아니지만 처음 쉐
어하우스를 꾸밀 때 조명을 어떤 색으로 할지 고민을 참 많이 했습니다. 깔
끔해 보이는 화이트로 하고 싶은데 사진을 찍으면 차가운 연구실 같아 보였
고, 그렇다고 전구 색으로 하자니 은은하고 따뜻하고 분위기를 연출하지만
어두운 느낌도 있어 고민을 많이 했습니다. 그러다가 우연히 두 가지 모두
되는 제품을 알게 됐습니다. 조작방법도 스위치만 껐다 켜면 색깔이 바뀌는
전구입니다. 2년 가까이 쓰고 있지만, 밝기도 좋고 아직 이상 없이 쓰고 있
는 제품입니다.

🏠 ┊ 밝기 조절이 되는 램프

비슷한 제품으로 밝기가 조절되는 전구도 있습니다. 한번 켤 때는 100%

밝기, 2번째는 60%, 세 번째는 30% 밝기로 조절되어 상황에 맞게 사용할 수 있는 제품입니다.

🏠 ⋮ 꼭꼬핀

예전 같았으면 보통 액자를 걸 때 못질을 하지만, 요즘은 집주인이 벽지가 손상되는 걸 별로 좋아하지 않아서 세입자들이 눈치를 보는 경우가 있습니다. 이때 꼭꼬핀이라는 제품을 사용합니다. 벽지에 바늘 같이 가는 침을 꽂아 고정하는데 꽤 무게가 나가는 것도 지탱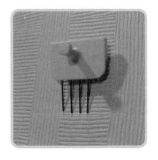

하고, 빼고 나서도 거의 티가 나지 않아 많은 사람이 애용하는 제품 중 하나입니다.

🏠 ⋮ 우산꽂이

현관 입구가 좁고 우산꽂이를 놔둘 곳이 없다면 필자는 현관문에 자석으로 붙이는 우산꽂이를 구매합니다. 자석이라 설치할 필요 없이 원하는 위치에만 놔두면 고정됩니다.

🏠 ⠸ 열선제품

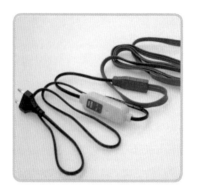

　겨울철에 예상치 못한 추위로 인해 단열 에어캡으로 감싼다 한들 수도 배관이 터지는 경우가 있습니다. 수리비도 수리비지만, 수리하는데도 시간이 걸리고 그동안 입주자는 추위에 고생하게 됩니다. 하지만 이 제품은 일정 온도 이하가 되면 자동으로 열을 발생하여 동파가 되는 경우를 줄여줍니다.

따라 하기만 해도 이미 전문가!

집을 구하는 것도 쉬운 일이 아니지만, 인테리어 작업 역시 마찬가지입니다. 직장인이라면 시간 내기가 어렵기 때문에 한 번 시간 낼 수 있을 때, 최대한 많은 일을 효율적으로 해야 본업에 차질 없이 준비할 수 있습니다. 그러기 위해선 공정의 순서와 가전 및 가구들의 배송기간과 각기 작업의 난이도, 작업시간 등을 파악하고 있어야만 가능합니다.

이번 장에서는 그간 필자가 인테리어 작업할 때 필요한 노하우들을 소개해보도록 하겠습니다.

집 계약을 마치면 우리는 곧바로 인테리어 작업에 착수해야 합니다. 월세를 내는 입장에서 한시가 급하기 때문입니다. 물론 급한 마음에 생각나는 대로 물품부터 구매하고 싶겠지만, 우선 인테리어 컨셉부터 정해야 나중에 난해해질 소지를 줄일 수 있습니다. 이때 계약할 집의 상황과 가용 비용을 고려해서 어떤 인테리어를 하는 게 가장 적절한지를 따져봐야 하는데, 사실 말이야 쉽지 처음 시도하는 입장에서는 굉장히 막막할 것입니다. 필자 역시도 오래된 주택에 인테리어를 해본 경험이 없어 고민만 하고 있을 때 우연히 '오늘의 집' 이란 사이트를 알게 되었고 자신감을 얻게 되었습니다.

https://ohou.se/

　　우리가 제일 난감해하는 이유 중 하나는 인테리어의 경험도 경험이지만, 많은 사람들이 어떤 인테리어를 원하는지 몰라서 입니다. 자기 취향에 따라 본인이 원하는 인테리어는 얼마든지 할 수 있고, 재미있는 과정일 것입니다. 하지만 우리가 살 곳이 아니기 때문에 요즘 선호하는 인테리어가 맞는지 확인할 필요가 있습니다. 잡지나 인테리어 책 또한 저자마다 성향이 다르기 때문에 유행을 정확히 파악하는 데 어려움이 있지만, 아래 사이트에서는 실시간 인기도순으로 나열되어 있어 실제로 매력적인 집인지 아닌지를 쉽게 파악할 수 있습니다.

또한, 이 사이트의 장점은 공간별 혹은 평수별로 필터링을 할 수 있어 원하는 정보들을 쉽게 얻어가기 좋습니다.

마지막으로 필자가 정말 마음에 들었던 것은 초보자들이 좋은 인테리어 사진을 보더라도 쉽게 따라 할 수 없는 게 제품의 이름을 알 수 없다는 점입

니다. 하지만 이 사이트는 마우스 커서만 대면 제품의 가격과 이름 구매처 등을 알 수 있습니다.

또한, 여기에 정보가 나오지 않았을 때 역시 댓글로 문의를 남기면 피드백이 오기 때문에 웬만한 정보들은 확인할 수 있습니다.

필자는 한 번도 이케아에 가본 적이 없습니다. 앞으로도 호기심이 아닌 이상 갈 일은 없을 것 같습니다. 물론 이케아 제품을 일부러 쓰지 않는 것은 아닙니다. 단지 시간이 잘 나지 않고 '굳이 방문해서 사야 하나'라는 생각에 움직이지 않고 인터넷으로 구매하는 방법을 모색했을 뿐입니다. 당연히 직접 방문해서 보는 게 좋긴 하겠지만, 시간이 없는 분들은 위의 사이트를 활용하여 후기 등을 보고 참고하는 것도 좋은 방법입니다.

5장

광고 및 견학

시간이 없어도 쉽게 끝내는
광고 및 견학

사진만으로 계약금 받기

부동산 중개업과 쉐어하우스 운영, 이 두 가지를 동시에 하면서 느낀 차이점이 있습니다. 손님이 원룸을 알아볼 때는 지방에서 올라올 여건이 안 되더라도 어렵게 시간을 내서 실제로 보고 계약하는 게 일반적이고, 사진만 보고 계약하는 일은 거의 없습니다. 하지만 쉐어하우스의 경우는 다릅니다. 서울에 오기 어려운 상황이라면 바로 계약금을 송금하는 경우가 많습니다. 아마 쉐어하우스는 금액 자체도 부담이 안 되고 계약 기간 역시 짧기 때문에 원룸보다 쉽게 계약이 되는 것 같습니다.

실제로 보지 않고 계약하는 상황에서는 사진이 매력적으로 보이는 게 당연히 중요합니다. 하지만 사진 찍는 게 간단히 카메라 버튼만 누른다고 해서 잘 찍히는 것은 절대 아닙니다. 사진에는 쉐어하우스만의 매력적인 분위기를 연출할 수 있어야 합니다. 이번 장에서는 사진으로 매력을 충분히 어필할 수 있는 팁 세 가지를 알려드리겠습니다.

첫째, 베드러너 혹은 침구류를 세팅하여 촬영합니다.

침구류를 깔아주면 자칫 밋밋해 보일 수 있는 내부를 포근하게 느껴지게 합니다. 그렇다고 컨셉에 맞지 않는 튀는 색상이나 요란한 디자인을 고르면

다 된 밥에 재 뿌린 격이 될 수 있습니다. 따라서 컨셉에 맞는 색상을 고르거나, 정 애매하면 침구류를 모든 색에 어울리는 화이트 계열을 하거나, 베드러너의 경우 무채색상을 택하여 포인트를 준다면 인테리어가 한층 고급스러워지고 모던한 분위기를 연출할 수 있습니다.

둘째, 광각카메라로 촬영합니다.

아무리 비싼 옵션으로 세팅해서 이쁘게 꾸몄더라도 사진이 담아내지 못한다면 그만큼 손해입니다. 반대로 비싼 옵션이 아니더라도 사진에서 그 이상의 것을 어필할 수 있다면 큰 이득입니다. 보통 핸드폰 카메라는 화각 폭이 좁기 때문에 사진 한 장에 내부를 다 담아내긴 어렵고 담아내더라도 답답해 보입니다. 따라서 사진이 넓게 찍히는 게 중요한데, 그러기 위해선 광각카메라로 찍어야 합니다. 물론 가격대가 있긴 하지만 화각이 넓어 내부가 넓게 찍히고 그만큼 한 장으로 모든 장점을 어필할 수 있습니다.

아무리 핸드폰이 발달하더라도 화각이나 여러 방면에서 사진기를 이길 수는 없으니, 비싸다면 중고로 사는 것도 추천합니다. 만약 중고로 구매하는 것 역시 부담스러우면 하루 동안 빌릴 수도 있고 사진사를 부르는 것도 방법입니다.

🏠 카메라 임대

http://www.slrrent.com/index_home.php

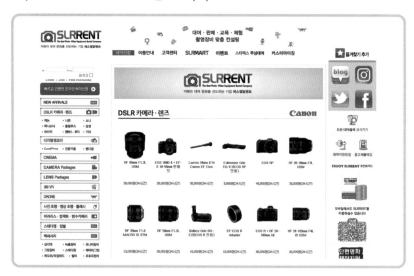

🏠 전문 사진사

https://kmong.com/gig/168538

  정 핸드폰으로 찍어야 한다면 인터넷이나 다이소에 핸드폰 렌즈에 낄 수 있는 어안렌즈도 화각을 넓히는 효과가 있으니 이것도 방법이 될 수 있습니다.

🏠 어안렌즈 사진

초특가판매/셀카렌즈/스마트폰렌즈 광각/어안/접사
5,670원

디지털/가전 › 휴대폰액세서리 › 휴대폰렌즈
[KB국민카드 1% 청구할인] [KB국민/신한/현대 100만원 이상 SK pay 결제 시 최대 22개월 무이자] [KB
국민/신한/NH농협/삼성/현대 20만원 이상 SK pay 결제 시 최대 12개월 무이자]
리뷰 290 · 등록일 2014.12. · ♡ 찜하기 1 · 🔔 신고하기

스마트폰 망원렌즈 현미경 어안렌즈 셀카렌즈 셀카봉
6,630원

디지털/가전 › 휴대폰액세서리 › 휴대폰렌즈
[KB국민카드 1% 청구할인] [KB국민/신한/현대 100만원 이상 SK pay 결제 시 최대 22개월 무이자] [KB
국민/신한/NH농협/삼성/현대 20만원 이상 SK pay 결제 시 최대 12개월 무이자]
리뷰 105 · 등록일 2015.01. · ♡ 찜하기 1 · 🔔 신고하기

L/스마트폰 어안 렌즈/스마트폰 보조 렌즈/스마트폰
7,600원

디지털/가전 › 휴대폰액세서리 › 휴대폰렌즈
[KB국민/현대/신한 스마일페이 100만원 이상 결제 시 최대 20개월 무이자] [삼성/NH농협/비씨/씨티/우
리 20만원 이상 스마일페이 결제 시 최대 12개월 무이자]
등록일 2019.02. · ♡ 찜하기 0 · 🔔 신고하기

🏠 ⋮ 3. 밝더라도 조명을 켜라

　연출하는 분위기에 따라 다르겠지만 일반적인 경우라면 부수적인 조명
도 다 켜는 게 좋습니다. 실제로 조명을 켠 것과 끈 것의 차이를 못 느끼더
라도 사진에서는 차이가 크고 보정 작업을 거칠 때도 효과를 더 줄 수 있어
좋습니다. 조명의 색상은 취향에 따라 좀 다르지만, 개인적인 느낌상 부수
적인 조명은 흰색보단 전구색이 더 사진에서 분위기 있게 찍힙니다.

광고해야 할 플랫폼 소개

　쉐어하우스 광고 플랫폼은 꽤 다양합니다. 광고는 모든 사이트에 올리는 게 가장 좋지만 이미 체력적으로 많이 지쳐서 몇 군데만 올리고 싶다면 최소한 대표적인 곳이 어딘지는 알아야 합니다. 그래야 최소한의 시간으로 많은 사람들에게 알릴 수 있기 때문입니다. 물론 지금 단계에서는 지쳐서 한두 군데만 올리고 그만하고 싶기도 할 것입니다. 하지만 그렇게 되면 지금까지 고생했던 노력이 수포로 돌아가기 때문에 힘들더라도 필자가 소개하는 아래 사이트만큼은 꼭 등록하는 것 권합니다.

　먼저 일반적인 쉐어하우스 플랫폼입니다.

셰여킴 http://ko.sharekim.com/

컴앤스테이 https://www.thecomenstay.com/

쉐어플러스 http://shareplus.co.kr/

룸앤스페이스 http://roomnspace.co.kr/

고방 사이트 https://gobang.kr/view/main

네이버 피터팬 카페 https://cafe.naver.com/kig

피터팬 까페 역시 현재 월 5만 5,000원의 이용료를 받고 있지만, 그만큼 유입되기 때문에 필자도 항상 이용하고 있습니다. 요즘은 많이 알려져서 많은 업체에서도 더러 이용하는 추세입니다.

🏠 대학생들을 상대로 운영한다면 대학가 사이트에 광고 게재

에브리타임 원룸/장터글 https://everytime.kr/

대학교 인근에서 쉐어하우스를 운영한다면 필수로 글을 올려야 합니다. 하지만 해당 대학교 학생만 가능하므로 재학생에게 대신 등록을 부탁해야 합니다. 지인이 없어서 필자의 경우 카카오톡 오픈 채팅에서 해당 대학을

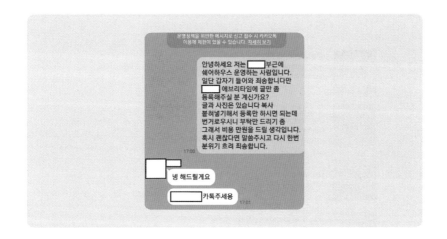

검색해서 재학생한테 양해를 구하고 부탁을 했습니다. 물론 어느 정도 사례는 생각하는 것이 좋습니다.

🏠 네이버 블로그

처음 만드는 계정으로 광고를 올린다면 다른 블로그 포스팅에 비해 많은 사진과 함께 제목, 내용에 정성을 들여야 합니다. 아무래도 블로그 지수에 따라 상단에 노출되느냐가 결정되는데 처음 시작한 블로그는 지수가 낮아 손님들이 검색하더라도 다른 블로그에 밀려 하단에 배치될 확률이 높기 때문입니다. 하지만 필자의 경우 예전부터 블로그를 꾸준히 관리했기 때문에 앞서 설명해 드린 것 중에서 제일 많은 문의를 받는 곳입니다. 따라서 지속적으로 관리한다면 아마 제일 문의가 많이 올 곳이므로 처음에 문의가 오지 않더라도 인내심을 갖고 꾸준히 블로그를 관리하는 것을 추천합니다.

블로그

강남 쉐어하우스 안전한 곳은 여기! 어제
새로 다니게 된 직장은 강남구에 위치했는데요. 제 본가는 부산이라 서울에서 혼자... 결과
강남쉐어하우스에 대해 알게 되었어요! 쉐어하우스가 생소하신 분들도...
Now in Michigan blog.naver.com/sasa247/221705362531   블로그 내 검색

강남 쉐어하우스 통해서 편히 지낼 수 있어요~ 2019.08.06.
강남 쉐어하우스 통해서 편히 지낼 수 있어요~ 안녕하세요 콩미니입니다 :) 자취를... 다른
쉐어 하우스는 직접 가보진 않았지만 이곳처럼 깔끔하면서 꼼꼼하게 관리가...
콩미니의 일상♡ blog.naver.com/rudal...   블로그 내 검색   📷 약도 ▾

저렴하게 단기입주 가능한 **강남 쉐어하우스** 2019.10.25.
강남 쉐어하우스는 역삼역과 신논현역이 있는데요, 요즘 쉐어 하우스 붐이 일어서... 이래서
정보의 중요성은 중요하구나^^ 그리고 또 강남에 거주하고 계시는...
참진주 blog.naver.com/leekw35/221688420914   블로그 내 검색

강남 쉐어하우스 추천! 펌하우스~ 2019.10.19.
저는 강남에서 팬찮은 쉐어하우스를 찾기 시작했어요! 그러던 중 친구가 **강남 쉐어하우스**에
얼마전까지 살았다는 이야기를 해서 소개 받았던 펌하우스! 지금은 제가...
또 다시... blog.naver.com/clbl0660/221682543334   블로그 내 검색

강남 쉐어하우스 강남스테이 괜춘하네 2019.07.09.
강남스테이, **강남쉐어하우스**, 강남역쉐어, 쉐어하우스 www.thegangnamstay.com 궁금하
신분들 홈페이지 참고하세요 ☆ 그리고~ 또한가지 좋은점!! 여성전용 **강남쉐어하우스**...
열혈언니의 오늘도내일도 예... yoohye83.blog.me/221...   블로그 내 검색
📷 약도 ▾

블로그 더보기 ›

　　광고를 등록할 때 사진만 등록할 게 아니라서 설명에도 신경 써야 합니다. 대충 사진만 올려놓고 설명이 부실하다면 운영자의 관리에 대한 인식까지 안 좋게 생각할 수도 있으니 주변 쉐어하우스 광고를 보고 부족하지 않게 내용을 채워 등록하도록 합니다.

쉐어하우스 소개

·입주절차 · 입주조건 · 운영사 소개
안녕하세요.

각 방, 에어컨 설치 되어있으며
조용하고 공부하기 좋은 환경입니다.

환불정책
없음

부족한 설명의 예

| tip |

광고등록은 나중에 하더라도 플랫폼 대부분은 가입승인 절차를 기다려야 하기 때문에 회원가입은 시간 날 때 미리 하는 편이 좋습니다.

계약율 100%에 도전

이제 광고를 통해 문의가 오면 일정을 조율해서 쉐어하우스를 보여줘야 합니다. 사실 집을 보여주는 게 간단해 보이지만 준비가 제대로 되지 않은 상태에서 보여주기만 한다면 의미 없이 보내는 시간만 많아지게 될 뿐입니다. 따라서 이왕 시간 내서 약속을 잡았다면 최대한 빨리 만실을 채운다는 목표를 가지는 게 여러모로 좋습니다. 필자는 손님들이 집을 보러왔을 때 만족하는 표정을 보기 위해 많이 고민하고 준비했는데, 이런 것들이 계약률을 높인 것 같습니다.

계약률을 높이기 위해선 손님들에게 좋은 인상을 주어야 합니다. 그래서 필자는 여기에 초점을 맞추어 고민하면서 다음과 같은 것들을 미리 준비했습니다.

첫째, 첫인상을 좋게 준비합니다.

첫인상이 중요하다는 건 학교에 입학할 때 교장 선생님의 훈화로도 자주 듣고 어디에서든 항상 자주 듣는 말 중 하나입니다. 이게 비단 인간관계에서만 적용되는 것은 아닌 듯합니다. 필자가 부동산 중개를 할 때, 위치가 좋고 가격이 저렴하다고 하더라도 사는 사람이 더럽고 냄새나게 쓰고 있다면 아무리 다른 조건들이 좋더라도 계약이 쉽게 나오지 않았습니다. 반대로 조건은 나쁘더라도 세입자가 깨끗하게 잘살고 있으면 계약이 더 수월하게 나왔습니다. 그래서 필자는 기존 입주자들한테 항상 당부하는 내용이 공용부분은 꼭 정리정돈 할 것을 강요합니다. 그래도 혹시 몰라 약속 시각보다 일찍 와서 정리할 게 없는지 확인하고 눈에 띄는 게 있다면 꼭 정리하는 편입니다.

시각적으로 신경 쓰는 것 외에 다른 방법으로 좋은 인상을 주는 방법도 있습니다. 현관문 앞에 디퓨저를 놓아 들어오자마자 좋은 향이 나게 해 첫 느낌을 좋게 할 수 있습니다. 이때 너무 진한 향의 디퓨저는 오히려 독이 됩니다. 개인마다 취향이 다르기 때문에 가급적이면 과한 향은 피하고 많은 사람들이 좋아하는 향을 구매하는 것이 좋습니다.

둘째, 최대한 광고 사진과 비슷한 분위기를 연출합니다.

위 방법으로 현관문을 열었을 때 좋은 인상을 주었다면, 이번에는 방문을 열었을 때 좋은 인상을 주도록 합니다. 인테리어를 직접 하면, 쉐어하우스의 특징과 각 방의 장점을 파악했을 것입니다. 그래서 광고에도 그 쉐어하우스의 특색과 장점들을 사진에 담아 게재할 텐데, 입주자들은 그 광고를 보고 왔으니, 실제로도 최대한 비슷하게 연출하여 준비합니다. 입주자와 언제 볼 수 있는지 물어보고 어느 정도 맞춰줄 여력이 된다면 그 방의 장점에 따라 시간대를 정하고 보여줍니다. 예를 들어, 채광이 좋은 호실이라면 가급적 보여주는 시간도 낮으로 약속하고 미리 가서 햇살이 잘 비추면서 분위기 있게 연출하기 위해 적당히 커튼이나 블라인드를 조절하는 편입니다. 만약 어두웠을 때, 조명으로 분위기를 살렸다면 마찬가지로 어둡게 하기 위해 커튼을 치고 천장등을 끈 다음 간접 조명들을 켜서 분위기를 은은하게 연출합니다.

셋째, 머물고 싶은 집이 되게 합니다.

계속 머물고 싶은 집이 결국 계약이 나오는 쉐어하우스라고 생각합니다. 머물고 싶은 집이 되게 하려면, 앞서 얘기한 시각적, 후각적 요소 이외에도 피부로 체감하는 것까지 신경 써야 합니다. 여름에 카페에 가서 커피를 다 마셨음에도 불구하고 나가기 싫은 것은 밖이 덥고 안은 시원하기 때문입니다. 쉐어하우스도 마찬가지로 아무도 없더라도 약속 시각보다 미리 도착해

서 여름엔 에어컨을 켜놓고 실내를 시원하게 하고 기다립니다. 반대로 겨울엔 난방을 틀어놓고 따듯하게 합니다. 물론 비용이 들겠지만 좋은 반응 이끌어 계약확률을 높인다면 기꺼이 비용을 지불할 만하다고 생각합니다.

6장

관리

초보자도 이렇게만 하면
베테랑이다!

계약서의 단 세 문장으로 관리가 편해진다

해당 산업의 일을 오래 하려면 그 분야에 몸을 담고 있으면서 보람을 느끼고 지치지 않아야 한다고 생각합니다. 그리고 그 보람은 도움을 주거나 서비스를 제공했을 때 고마워하는 반응이나 만족해하는 상대방의 반응을 보며 느낄 수 있습니다. 하지만 주변에서 쉐어하우스 운영하는 분들과 대화를 나누다 보면 보람을 느끼거나 뿌듯함을 느끼기는커녕 오히려 관리가 너무 힘들다며 벌써 싫증을 내는 분들이 꽤 있습니다.

쉐어하우스가 임대업으로 분류되긴 하지만 서비스업이란 말이 있을 정도로 어느 때는 감정 노동을 많이 하기도 합니다. 아무래도 입주자들의 연령층이 어린 편에 속하다 보니 사회 경험이 없어 이따금 무례한 입주자도 종종 마주하기 마련입니다. 관리하는 입장에서는 황당하고 '어떻게 이럴까?' 하는 경우가 있지만, 정작 스트레스 제공자는 그게 전혀 무례한 줄을 모르고 아무렇지 않다는 게 오히려 우리의 속을 더 긁기도 합니다.

그러면 서비스업이라는 걸 각오하고 당연히 받아들여야 할까요? 필자의 사견으론 마냥 참는 것 또한 올바른 방향이라 생각하지 않습니다. 마음의 여유가 있을 때야 나이가 어려서 그러려니 참고 넘어가지만 다른 일과 겹쳐 예민해질 때라면 운영자도 사람이다 보니 어쩔 수 없이 감정적으로 대할 수밖에 없습니다. 그렇다고 싸우면 될까요? 싸움 또한 손해입니다. 말싸움에서 이겨도, 말싸움에 져도 결국 얻을 게 없으니, 싸움은 무조건 피하는 편이 좋습니다. 그렇다면 어떻게 하는 게 가장 좋을까요? 저는 일이 벌어지고 나서 처리하는 것보다 사전에 대비하는 게 중요하다고 생각합니다. 그렇게 하기 위해선 입주할 때 계약서를 잘 써야 합니다.

필자는 부동산 계약서를 일반인보다 많이 써봤기 때문에 쉐어하우스 계약서 쓰는 것이 크게 어렵지 않았습니다. 하지만 쉐어하우스는 아무래도 공동체 생활이기 때문에 처음에 설명을 미처 하지 못한 게 있고 대처를 잘못했다면 자칫 분위기 전체가 엉망이 될 수 있습니다. 따라서 그 차이를 인지하고 공동체 생활에 맞게 일반적인 계약서 내용에 추가로 기입하는 게 중요합니다. 필자가 계약서에 어떤 문구를 추가했는지 아래에 서술하겠습니다.

<현 상태의 임대이며, 추가 비품 요청 시 입주자끼리 N분의 1을 하기로 한다.>

이 문구는 입주자들에게 제3자 입장에서 봤을 때, 꼭 필요해 보이지는 않지만 추가 비품을 요구하는 경우가 있습니다. 이때 어떤 입주자는 한 번 자기의 말을 들어주면 끝이 어딘 줄 모르고 계속 요구하게 됩니다. 그걸 방지하기 위해 처음에 단호하게 안 된다고 거절할 수도 있지만, 입주자의 입장에서 감정이 상할 수 있습니다. 또한, 싫은 소리를 잘 못 하는 운영자에겐 이 문구 자체가 상대방에 대한 요구에 쉽게 거절할 수 있게 도와주고, 반대로 입주자 입장에서도 쉽게 요청하지 못하게 하는 문장입니다. 그렇다고 이 문구가 금전적인 손해를 막기 위한 문구는 아닙니다.

필자는 가급적이면 손님이 원하는 것을 해주려고 하는 편입니다. 그래서 관리차 방문할 때 어떤 게 있으면 더 좋겠다는 생각이 들면 입주자들한테 물어보고 제공해주는 편입니다. 하지만 앞서 말한 것처럼 일을 오래 하려면 해당 분야에 보람을 느껴야 합니다. 사소한 것이라도 불편한 점을 해결해줬을 때, 입주자들이 고마워하거나 만족해하는 모습을 보고 보람을 느껴야 하는데, 저 문구가 없다면 관리를 위해 당연한 줄 알고 고마워하기는커녕 오히려 불편한 게 조금만 있어도 요구합니다. 그리고 또 그걸 본 입주자들도 따라서 요구하는 분위기로 변하게 됩니다. 그래서 위의 문구는 간단하지만 지치지 않고 관리할 수 있게 도와주는 문구입니다.

<생활규칙을 어겨 입주자들에게 피해를 줄 경우, 정도에 따라 경고 또는 퇴실요청을 할 수 있고, 그 이후에도 시정되지 않았을 때 지체 없이 퇴실하여야 한다. 단 이때의 퇴실은 중도퇴실로 간주하고 패널티가 있음에 동의한다.>

많은 분이 쉐어하우스에서 걱정하는 것 중의 하나가 입주자 간의 다툼 문제입니다. 사실 쉐어하우스 생활은 입주자들이 상식적으로만 행동한다면 다툼의 여지가 없습니다. 하지만 관리하다 보면 저마다 다른 환경에서 자라서 그런지 상식의 범위가 각자 다양하다는 걸 깨닫게 됩니다. 그래서 당연히 마찰이 생길 수밖에 없습니다. 따라서 입주자 간에 서로 피해를 주지 않게 생활규칙을 작성해야 합니다.

이때 생활규칙은 상식에 바탕을 두고 최대한 구체적으로 명시해야만 나중에 생길 다툼의 여지를 줄이게 됩니다. 만약 생활규칙을 어겨 다른 입주자들로부터 민원이 들어오면, 사실관계를 파악한 후 정도에 따라 경고 또는 퇴실요청을 합니다. 하지만 퇴실한다 하더라도 다른 집을 구하는 동안 생활규칙을 또 어겨 피해를 줄 수 있기 때문에 추가 민원이 들어올 경우 관리자는 기존 입주자를 위해 즉시 퇴실요청을 할 수 있어야 합니다.

<계약 만료일에 퇴실할 시 만료일로부터 60일 전에 퇴실 의사를 알려주어야 하며 45일 전부터 신규 세입자를 위한 방문(견학)에 적극 협조해야 한다(고지가 없는 경우 동일 기간 연장으로 본다).>

부동산 계약을 하다 보면 다양한 세입자를 만나게 됩니다. 계약 만료일이 다가오면 그전에 새로운 세입자가 집을 보고 만기일에 맞춰 공실 없이 입주할 수 있게 협조해주어야 하는데, 바쁘다는 이유로 보여주지 않거나 일방적으로 시간을 통보하여 집 보기가 매우 까다로울 때가 있습니다. 그렇게 되면 공실이 된 이후에야 손님들이 보고 계약할 수 있는데, 사람들은 본가에서 독립하는 게 아닌 이상 대체로 한 달 정도 이상의 여유를 두고 집을 구합니다. 그럼 그 기간 동안 공실은 온전히 집주인의 손해입니다.

필자는 이 경우를 대비해서 부동산 계약서를 쓸 때 항상 위의 특약을 추가하여 비밀번호를 부동산에 알려주거나 적극적으로 집을 보여주는 데 협조하게 합니다. 물론 세입자가 입주한 순간부터 개인적인 공간임은 맞습니다. 하지만 그 세입자도 마찬가지로 집을 볼 때 기존에 거주하는 분이 협조해줘서 볼 수 있었으니, 개인 공간임을 주장하며 다음 세입자 견학에 협조하지 않는 것은 일반적이지 않다고 봅니다.

물론 쉐어하우스는 일반 부동산 계약과 달리 다른 입주자들도 있어서 집안에 들어오는 거야 어렵지 않습니다. 하지만 개인 공간에 들어가는 것은 사적인 공간이라 조금 불편하기도 하고 문을 잠궈버리고 외출하는 경우도 있습니다. 만약에라도 생길 사소한 감정적인 갈등을 방지하기 위해 필자는 미리 계약서를 작성할 때 앞서 말한 이유를 설명하고 계약서에 명시합니다.

고정 관리비 vs. 변동 관리비

쉐어하우스를 운영하면 입주자에게 월세와는 별도로 전기세, 수도세, 가스비 등의 공과금과 비품 비용을 관리비로 받습니다. 어떤 쉐어하우스는 고정 금액으로 관리비를 받기도 하고, 어떤 쉐어하우스는 월별로 부과되는 비용만큼 변동되는 금액으로 받기도 합니다. 이번 장에서는 고정식과 변동식의 장단점을 정리해 보고 더 나아가 보완할 수 있는 방법을 살펴보도록 하겠습니다.

우선 관리비를 고정으로 받으면 관리하는 입장에서 매달 계산할 필요가 없어 매우 편합니다. 단, 입주자들이 전기, 수도, 가스비를 예산 안에서 초과하지 않는 범위 안에서 쓴다면 말입니다. 하지만 관리비가 고정이다 보니 입주자들이 때론 무분별하게 쓰게 돼서 특히 여름이나 겨울에 생각했던 범위보다 초과할 때가 있습니다.

반면 변동식으로 관리비를 받게 되면 공평하게 관리비를 부담해서 관리하는 입장에서 로스도 안 나고 거주하는 입장에서도 아낀 만큼 비용도 적게 나옵니다. 하지만 매번 공과금과 비품 비용들을 정산해야 하고 입주자들도 그에 따라 매번 달리 입금해야 하는 번거로움이 있습니다. 문제는 이뿐만이 아니라 매번 퇴실 날짜에 정산이 매우 까다롭다는 점입니다. 전기, 수도, 가스비 등의 공과금 정산날짜가 다른데, 입주자마다 입주일도 다르고 중도 퇴실하는 경우가 발생할 수도 있으니 신경 쓸 부분이 여간 많은 게 아닙니다.

	고정식 관리비	변동식 관리비
장점	고정된 액수다 보니 입주자나 관리하는 입장에서 편함	매월 계산하기 때문에 로스가 없음
단점	고정금액을 받다 보니 초과가 되면 로스가 있을 수 있음	매월 계산해야 하는 불편함이 있고 금액이 달라짐

하지만 방법이 없는 건 아닙니다. 각각 단점을 보완할 수 있는 방법이 있습니다. 고정식으로 관리비를 받을 경우, 계약서 특약사항에 "공과금과 비품 등의 총비용이 관리비 예산에서 얼마 이상 초과할 때, 초과분에 대해서는 입주자들끼리 고정 관리비와는 별도로 N분의 1로 부담하기로 한다"라는 내용을 기재하면 입주자들의 무분별한 사용은 많이 줄게 될 것입니다.

반대로 변동식일 때는 매월 계산해야 한다는 점과 퇴실일이 달라 공과금

관리비 청구		
고정비용	인터넷	24,900
	정수기렌탈	19,900
	정기 청소	30,000
변동비용	전기	55,000
	수도	25,000
	가스	75,700
	비품 비용	15,000
총합		245,500

거주 인원	4

이달 관리비 납부 금액
61,375

을 정산하기 애매해지는 점이 있습니다. 그럴 땐 엑셀로 고정비와 변동비를 나눠서 서식을 만들어놓고 입력만 하면 자동으로 정산되어 매번 계산해야 하는 수고를 줄입니다. 그리고 공과금들의 요금이 부과되기 전에 퇴실로 인해 관리비 정산이 복잡해질 경우 마찬가지로 미리 특약에 추가할 것이 있습니다. 퇴실일에는 보증금 전부를 돌려주는 게 아니라 대략 나올 만한 공과금을 넉넉잡아 예상하고 그 금액을 제한 나머지를 보내겠다는 특약을 넣습니다. 그리고 퇴실한 후 정산 날짜가 되어 정확한 금액이 나오면 그 금액을 공제하고 나머지 금액을 퇴실한 입주자에게 송금합니다.

관리비를 어떻게 받아야 하는가의 문제엔 정답이 없습니다. 각각 장단점이 있기 때문에 서로 상황에 맞게 선택하는 걸 추천해드립니다.

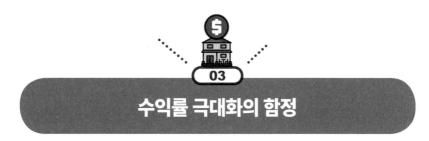

수익률 극대화의 함정

　아마 쉐어하우스를 운영하고 있거나 운영을 앞둔 사람이면 수익률 극대화에 대한 고민을 한 번쯤은 아니 어쩌면 지금까지도 계속할 수 있습니다. 필자도 수익률 극대화에 대한 고민을 안 해봤을 리 없습니다. 수익률을 극대화하기 위해 제일 먼저 떠오르는 만만한 생각은 바로 다인실입니다. 쉐어하우스에 사는 인원을 늘리기만 한다면 월세 수익도 덩달아 같이 올라가니 이 얼마나 행복한 계산인가요!

　실제로 필자는 출퇴근이 겹치지 않는 사람을 모집하는 방안을 생각하면서 '좁은 공간을 최대한 활용할 수 있는 방법이 없을까?' 고민도 했습니다. 마침 2인실로 하기엔 조금 널찍한 곳에 계약한 터라 '어떻게 하면 인원을 늘릴 수 있을까?' 하며 곰곰이 머리를 써봤습니다. 근데 3인실 하기에 침대를 둘 공간이 부족해서 여기저기 알아보고 방법을 모색하던 찰나, 인터넷에 참신한 방법으로 공간을 활용하는 인테리어를 봤습니다. 그걸 보고 저는 유레카를 외치며 바로 3인실을 꾸미기 시작했습니다. 나름 난이도가 있어 보였지만, 그만큼 수익을 극대화할 수 있다는 생각에 스스로 대견스럽기까지 했습니다.

필자가 따라 한 방법은 아래와 같습니다. 2~3단 책장을 3개를 깔아두고 침대 갈빗대를 만들고 매트리스를 올려두면 부족한 공간이 딱 맞는 공간으로 됩니다.

　나름 고생도 했고 완성하고 나니 더 멋스러워진 것 같아 기대를 많이 했지만 애석하게도 문의는 단 하나도 오지 않았습니다. 물론 광고를 비롯해 다른 요인이 있을 수 있겠지만 한 통도 연락을 받지 못했다는 사실에 기대가 큰 만큼 적잖은 충격을 받고 한 가지를 깨달았습니다. 결국에 고객이 원하는 건 다인실이 아니라 입주했을 때 불편함 없는 쾌적한 환경입니다. 그래서 수익률에 대한 욕심을 버리고 재빨리 3인실을 포기했습니다.

그러면서 저의 운영 철학도 바뀌었습니다. 무작정 수익을 좇기보단 적정 이윤을 추구하고 입주자 관점에서 바라보고자 노력하게 됐습니다. 꼭 눈에 돈이 나가는 게 보여야만 손해인 것은 아닌 듯합니다. 무언가에 신경을 써서 오히려 다른 일에 집중하지 못한다면 그것 역시 손해라고 생각합니다. 만약 제가 고집을 굽히지 않고 좁은 공간에 많은 사람을 입주시켰더라도 아마 이후에 관리가 쉽지는 않았을 것입니다.

여러분도 수익률 극대화를 생각한다면 입주자의 관점을 간과하고 있지는 않은지 다시 살펴보면 좋겠습니다.

마찬가지로 공간 활용을 위해 좋은 아이디어라 생각했던 제품들이 있습니다. 2층에는 침대를, 1층은 책상으로 쓸 수 있는 벙커 침대를 구매하여 좁은 공간을 활용하고자 했습니다. 벙커 침대는 면적을 많이 차지하는 제품이 아니라서 방이 작더라도 여러 개의 침대를 넣고 다인실로 꾸미기 적합한 침대라고 생각했습니다. 하지만 면적을 조금 차지한 만큼 위로 쌓아올렸기 때문에 층고가 높지 않다면 오히려 더 좁고 답답해 보이기 십상입니다. 따라

서 구입하기 전에 해당 건물의 층고가 낮진 않은지, 그리고 나라면 월세를 내고 거주할 의향이 드는지부터 고민하는 것을 추천합니다.

리스크 제로, 마지막 보루

필자가 처음 쉐어하우스를 시작할 때를 기억해보면 걱정을 많이 했습니다. '과연 이게 될까?' '누가 불편하게 모르는 사람과 같이 살지?' 라는 고민을 수없이 되뇌었던 것 같습니다. 처음 쉐어하우스 할 집에 계약금을 걸고 계약서에 도장을 찍었을 때도 그리고 인테리어를 하는 과정에도 그 고민은 이어졌습니다.

그래서인지 첫 손님이 기억에 남습니다. 지방에서 남매가 같이 왔는데, 서울에서 남동생이 집을 본다고 누나와 같이 온 손님이었습니다. 쉐어하우스에 들어오자마자 남매는 만족스러운 표정을 지으며 원래는 다른 쉐어하우스도 보기로 했는데, 바로 제 쉐어하우스를 계약하겠다고 했습니다. 그 표정을 봤을 땐 그동안 고생했던 게 위로를 받았습니다. 하지만 이때도 쉐어하우스에 대한 확신이 들진 않았습니다. 그 고민은 만실이 돼서야 사라지게 됐습니다. 참 아이러니하게도 준비하는 내내 불안했으면서 만실이 되면 '아, 이게 되는구나!' 하는 생각과 동시에 곧바로 2호점을 내고 싶은 마음이 생기게 됩니다.

하지만 처음 쉐어하우스를 창업준비를 한다면 아무리 책을 많이 읽으며 공부를 한다고 하더라도 자신감이 쉽게 생기는 게 아니란 걸 저 역시 경험해봐서 잘 압니다. 또 어떤 분들은 지금 당장 시기적으로 신경 쓸 여유가 부족하다면 창업하기가 불안할 것입니다. 그래서 이번 장에서는 현실적으로 시간적 여유가 없거나 만실이 되지 못할 것에 대한 불안감으로 창업을 시작하지 못하시는 분들에게 부담 없이 시작하는 방법을 소개할까 합니다. 바로 1인실로만 꾸미는 것입니다. 1인실은 보시다시피 쉐어하우스 중 수요가 가장 많은 방입니다. 그리고 그 문의량은 지속적으로 증가하고 있습니다. 필자 역시 6호점을 운영하면서 쉐어하우스 문의 10개 중 8개는 1인실에 대한 문의였습니다. 물론 1인실로만 운영한다면 수익은 조금 줄겠지만 리스크도 덩달아 줄어듭니다. 또 처음에 1인실로만 세팅한다면 초기 비용도 아낄 수 있어 조금 더 부담 없이 시작할 수가 있습니다. 1인실은 수요가 많고 계약시켜야 할 인원과 관리할 인원도 줄어서 운영하는 입장에서 느껴지는 부담이 확실히 줄어들 게 됩니다. 반대로 쉐어하우스 입주자 입장에서도 공용공

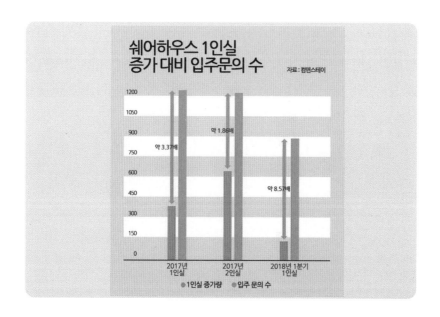

간을 같이 쓰는 사람이 줄어드니 불편할 일도 줄어들게 되어 서로가 이점이 생깁니다.

사실 필자는 2호점을 오픈할 당시 1호점처럼 잘 되겠진 마음에 아무 생각 없이 확장했는데, 개인적으로 바쁜 때라 광고도 제대로 올리지 않았고 신경을 많이 못 써서 공실이 꽤 길어졌습니다. 그리고 당분간 그 상황이 이어질 것으로 판단돼서 결국 처음 몇 달은 1인실로만 운영을 했습니다. 대신 2인실로 꾸민 곳은 한 명이 거주하기로 하되, 단기 계약을 했고 그 기간 동안 여유롭게 다른 손님 문의를 받고 계약금까지 받아놔서 단기 입실자가 퇴실하자마자, 다음날 새로 두 명을 동시에 바로 입주시켰습니다.

간격이 좀 벌어진 것 같아요 어떤 문단은 붙어있는데 어떤이유가 있는 건지요? 쉐어하우스를 운영하다 보면 꼭 이렇게 해야 한다는 정답은 없습니다. 상황에 따라 융통성 있게 맞춰 변형할 줄도 알아야 합니다. 고집을 부린다 해서 내 생각처럼 입주자를 받을 수 있는 것도 아니고 시기가 옳은지에 대한 예상은 언제나 지나가 봐야 아는 것이기 때문입니다. 처음에 입주자 모집이 걱정되거나 개인 사정으로 공실에 신경 쓸 시간이 여의치 않다면 1인실로 운영하는 걸 염두에 두는 것이 좋은 방법이라 봅니다. 수익은 우선 숨을 고른 다음에 여유 있게 계획해도 늦지 않습니다.

같이 살아봐야 비로소 보이는 것들

🏠 새로 들어오는 친구들도 잘 되길 진심으로 바라기

처음 쉐어하우스를 운영했을 때를 떠올려보면, 제가 꾸민 집에 입주자들이 만족해서 계약하고 들어와 사는 것 자체가 신기하면서 동시에 너무 고마웠습니다. 물론 그 생각은 지금도 변함이 없습니다. 그리고 입주자들 모두 머무르는 동안 건강히 잘 지내다 소기의 목적을 이루고 잘 돼서 나가는 것을 정말 진심으로 바라고 있습니다. 실제로 그렇게 돼서 나가는 걸 보면 너무 뿌듯하고 표현은 직접적으로 하지 않지만 대견스럽기까지 해서 지금도 최대한 좋은 환경을 만들어주려고 노력합니다.

아마 여러분들도 운영하게 되어 입주자들을 받게 되면 이런 마음이 분명 생길 것입니다. 그래서 그동안 힘들게 꾸민 집에서 입주자들이 만족해하며 사는 것을 보면 굉장히 보람을 느끼게 됩니다.

일단 이런 생각이 드는 것만으로도 분명 쉐어하우스에 질적인 측면에서 많이 향상될 것입니다. 생각이 곧 행동으로 나오게 돼 있고 그러면서 입주자들 또한 운영자가 관리에 신경을 써준다는 인상을 받게 될 것이고 실제로 개선이 됐으니 만족도가 올라가 결국에는 재계약률 또한 높아지는 선순환이 될 것입니다. 하지만 아무리 운영자 입장에서 입주자들의 편의를 위해 생각해보더라도 실제로 그 입주자들 입장이 되지 않는 이상, 그들의 눈높이를 맞춰 생각하기란 쉽지가 않습니다. 따라서 좀 더 쾌적하고 살기 좋은 쉐어하우스를 추구한다면 짧게라도 한 번 직접 살아보는 것도 좋은 방법입니다. 함께 생활하다 보면 입주자들이 애매해서 얘기하지 않았던 불편한 점, 그리고 다른 입주자들과 생활하면서 생길 수 있는 마찰에 대해서도 금방 파악할 수 있게 됩니다. 물론 운영자랑 같이 산다는 거에 불편하지 않을까 싶겠지만 생각보다 금방 적응하고 오히려 문제 있을 시 바로바로 해결해주는 점에 있어 좋게 생각합니다.

필자 역시도 처음 쉐어하우스를 운영했을 때 당시 쉐어하우스에 살아본 적이 없어서 이 사업에 빨리 이해하기 위해 운영할 집에 직접 입주자들과 같이 살았습니다. 그전에는 혼자 원룸에 살면서 월세 부담이 컸는데, 쉐어하우스에 직접 입주자들과 같이 살면서 월세 부담도 없어지게 됐고 미처 생각하지 못했던 쉐어하우스의 장점들도 체감하게 됐습니다. 예를들면 손님과 집 보여주는 것에 대해 어려움이 전혀 없었습니다. 사실 집 보여주는 것이 바쁜 기간과 겹쳐 있다면 여간 번거로운 게 아닙니다. 쉐어하우스에 거주하지 않는다면 손님과 방문 시간을 맞춰야 하고 약속하더라도 막상 당일 날 연락이 되지 않는 경우도 부지기수입니다. 그리고 당일 불과 1시간 전에 시간을 변경하는 사람도 많고 갑자기 연락이 와서 근처에 있는데 집을 볼 수 없냐고 물어보는 사람도 꽤 많습니다. 이때 직접 쉐어하우스에 거주하게 되면 앞서 얘기한 이런 번거로운 점들이 많이 해결됩니다.

직접 같이 살아보면 어떤 게 불편하고 어떤 걸 개선해야 할지를 알 수가 있고 입주자들이 얘기하지 않았던 불편한 것들까지 알게 됩니다. 그래서 그

점들이 개선된다면 입주자들에게 관리를 해준다는 인상도 심어줄 수 있고 만족도를 높이고 재계약률 또한 높아질 것입니다. 물론 입주자와 같이 산다면 필자처럼 입주자들과 나이 차이가 안 난다면 좋겠지만, 나이 차가 꽤 심하게 난다고 하더라도 방법은 있습니다. 가족들이나 친척들 중 나이가 비슷한 가족이나 친척들에게 잠깐 동안 같이 살아보고 솔직한 느낌들을 부탁하는 것도 방법이 될 수 있겠습니다.

나중을 위해 반드시 해야 할 것

필자의 경우 저렴한 보증금으로 쉐어하우스를 찾다 보니, 운영하는 쉐어하우스는 대체로 빌라입니다. 그리고 앞으로도 저렴한 가격으로 확장한다면 그것도 아마 빌라일 가능성이 높습니다. 빌라는 아파트보다 저렴한 금액으로 구할 수 있지만, 아파트처럼 관리가 잘 되는 편이 아니라 벌레에 꽤 취약한 편입니다. 벌레가 여성 쉐어하우스에서 나온다는 것은 민감하게 받아들이는 사안이기 때문에 필자가 입주 전 고사 지내지는 것처럼 항상 잊지 않고 방역을 합니다. 특히 여성분들에겐 바퀴는 끔찍이 무서워하는 존재이기 때문입니다. 혹시나 입주자가 거주하다 바퀴벌레를 비롯한 다른 해충들을 발견이라도 하면 그 이후에는 작은 벌레에도 민감하게 반응하기 때문에 최대한 입주 전에 방역을 하는 편이 좋습니다.

물론 바퀴벌레는 빙하기에도 버텼다는 말이 있을 정도로 생명력이 끈질긴 곤충이라 예전부터 오랫동안 서식했고 번식하기 좋은 환경인 곳에 100% 박멸이 어려울 수 있습니다. 그래서 필자는 쉐어하우스 집을 볼 때 벌레가 있는지 없는지도 꼭 봅니다. 방역도 방역이지만 제일 좋은 건 안 나오는 집을 고르는 게 제일 좋기 때문입니다. 하지만 쉽게 육안으로만 볼 수 있는 게 아닙니다. 그렇지만 반대로 육안으로도 쉽게 바퀴벌레가 보인다면 그건 그 집에 이미 많다는 정황이기도 하므로 조건이 좋아도 포기합니다. 집을 보러 갔을 때 눈에 보이진 않더라도 세입자와 집주인은 알 것입니다. 하지만 벌레가 있는지 물어봐도 솔직히 얘기를 하지 않을 수 있습니다. 상황에 따라 세입자는 집을 빨리 빼고 다른 곳에 이사를 가야 하기 때문입니다. 집주인도 마찬가지로 공실을 없도록 하기 위해 알면서도 모르는 척할 수 있습니다. 근데 벌레라는 건 집을 더럽게 쓰고 관리를 잘 안 했을 때 생기기도 하므로 깨끗한 집이라도 상관없이 방역 작업을합니다.

필자가 하는 방역작업은 벌레의 유입을 막고 이미 들어온 바퀴들이 서식하지 못하게 약품을 치는데 우선 가장 많이 들어오는 하수구에 트랩을 설치해서 외부에서 유입되는 벌레를 차단합니다. 트랩은 욕실 하수구, 세탁기 배수구, 싱크대 배수구에 모두 설치합니다. 그리고 바퀴 약을 플라스틱 캡에 짜서 서식할 만한 곳곳에 놔둡니다. 마지막으로 혹시나 있을 벌레에 대비해 예상 이동 경로에 살충제를 뿌립니다. 요새 나오는 살충제 중에는 벌레에 직접 분사를 하지 않더라도 뿌린 곳에 지나가기만 해도 효과가 있는 살충제들이 있습니다. 시중에 있는 살충제(바퀴잡스, 페스트7가드)를 구매하여 배수구, 환풍구, 출입문 주변에 뿌려서 바퀴벌레 유입을 차단합니다.

　물론 다른 원인이 있어 모든 주택의 벌레들을 100%박멸하기는 어려울 수 있지만 제 선에서 1차적으로 최대한 할 수 있는 데까지 해서 효과를 보는 편입니다.

1,000개를 목표로 하고 난 뒤에 달라진 시야

처음 한 개를 운영했을 때를 돌아보면 처음이다 보니 어쩔 수 없이 매우 서툴고 미숙했던 것 같습니다. 그때 당시 저는 10개 지점을 목표로 하나씩 늘리면서 점점 저만의 노하우를 정립해갔습니다. 하지만 생각만큼 관리가 효율적으로 되는 것 같지 않았다고 느끼던 찰나 호기심에 1,000개를 운영할 생각을 해봤습니다. 물론 시작은 장난이었지만 나름 진지하게 생각해보니 기존 운영 방식에서 달라져야 할 것들이 많이 보였습니다.

10개를 목표로 한 것과 1,000개는 당연히 확연한 차이가 있었습니다. 조금의 과장을 보태자면 처음부터 끝까지 판 자체가 아예 달랐습니다. 그러면서 확장과 유지에 관해 달라진 인식이 있습니다. 1,000개를 관리하려면 이것까지 적어야 하나 싶을 정도로 구체적으로 명시가 돼 있어야 하고 체계적인 기준이 있어야 한다는 점입니다.

이 모든 과정이 매끄럽게 진행되어야 합니다. 그래서 각 절차에서 어떤 점을 신경써서 했는지 소개해보도록 하겠습니다.

🏠 문의가 왔을 때

질문에 친절히 응대하되, 입주날짜와 몇 개월 살지는 꼭 물어봅니다. 간혹 입주가 너무 많이 남았는데, 집을 보고 싶어 하는 사람이 있는가 하면 분명 최소 거주 기간을 명시했는데 보시 못하고 계약하고 싶다고 할 때 알려주는 사람이 있다 보니 두 번 걸음을 하지 않기 위해 그 두 가지는 꼭 물어봅니다.

계약 기간에 크게 문제가 없다면 약속을 잡는데, 당일이 아닌 그 이후로 약속을 잡는다면 꼭 그 전날이나 약속 당일 오전에 일정 변경이 없는지 물어보는 편입니다. 간혹 연락도 없이 오지 않는 경우가 있고, 깜빡하는 경우도 있기 때문에 필자는 될 수 있으면 문자 예약 메시지를 미리 보내서 깜빡하는 걸 방지하는 편입니다. 따로 연락이 없다면 오지 않는다고 생각하면 됩니다.

🏠 집을 보여줄 때

필자의 경우, 약속 당일에 손님이 짐을 싸 들고 다니면서 집을 알아보는 게 아닌 이상 당일 계약을 하진 않는 편입니다. 입주자가 들어오고 싶다고 의사를 밝힌다면, 바로 계약하는 게 마음은 편하겠지만 대체로 손님들은 저의 쉐어하우스만 보는 게 아니라 다른 곳과 비교하여 알아보기 때문에 설령 저의 쉐어하우스가 마음에 들더라도 혹시 몰라 다른 집도 보고 결정합니다. 하지만 무조건 제 쉐어하우스를 계약한다는 보장도 없고 부모님과 상의하고 며칠 동안 고민한 뒤에 계약하겠다고 하는 경우도 있으니 해당 용무가 끝나면 필자는 다른 일정으로 복귀합니다. 집을 보여줄 때 계약을 꼭 해야겠다는 생각을 하면 오히려 손님에게 티가 나서 더 부담을 느끼고 역효과가 날 수 있으니 필자는 최대한 그런 감정을 자제하는 편입니다.

🏠 손님이 계약 의사를 밝힐 때

견학을 마치고 입주자가 계약을 하겠다는 의사를 밝힌다면 문자로 계좌번호를 알려줍니다. 하지만 이때 계좌번호만 알려줘서 계약금만 받고 끝내는 게 아니라 계좌번호를 알려주기 전에 계약조건들을 특정합니다. 유선상 혹은 집을 보여주면서 설명하는 것은 서로 혼동이 있을 수 있으므로 문자로 서로 의견 차이가 없는지 재차 확인합니다.

주소/보증금, 월세, 관리비/
계약기간/계약서 작성 또는 입주날짜/ 그 밖의 특이사항 등을 기재해서

> 큰방 1인실
> 보증금 150만원
> 월세 41만원
> 관리비 5.5만원
> 계약기간 6개월
> 입주날짜
> 6월6일(협의로 앞당길 수 있음)

입주하는 날짜가 많이 남고 계약금을 적게 받는다면 주의해야 합니다.

계약금을 조금만 받는다면 나중에 손님에게 다른 일이 생겼을 때 계약금을 쉽게 포기해버리는 일이 생깁니다. 그렇게 되면 계약된 줄 알고 그동안 문의 왔던 손님을 놓치게 되고, 다시 모집해야 하기 때문에 입주자가 계약금 많이 보내는 것을 부담스러워서 계약금을 적게 받는다면 위와 같은 상황을 고민해볼 필요가 있습니다.

🏠 입주 당일

필자는 앞서 말씀드린 이유로 대개 먼저 계약금을 받고 계약서를 작성합니다. 이때 계약서 양식은 필자의 계약서를 참고하거나 다른 사람의 계약서를 참고하는 것도 좋은 방법이지만 무작정 따라 하기보다 소리내어 읽어보고 말 할 때 어색한 문장은 없는지 확인해보는 것이 좋습니다. 보통 계약서를 쓸 때 하나하나 읽어주면서 어떤 상황에 대한 규정인지 설명해야 하는데, 다른 사람이 쓴 문장을 그대로 가져다 쓰면 본인에게 어색하게 느껴지는 문구에서 버벅거릴 때가 있습니다. 그러니 계약서 문구가 어색하다면 자기만의 문장으로 고치는 것이 도움이 됩니다. 그렇다고 어려운 한자어를 쓴다고 해서 더 멋있는 계약이 되는 게 아닙니다. 다툼의 여지 없이 서로 잘 이해할 수 있게 깔끔히 쓰인 계약서가 좋은 계약서입니다. 따라서 주 수요층인 20대의 수준에 맞게 수정하는 것이 좋습니다.

쉐어하우스 계약서

제1조. 계약 물건

주소	
임대부분	공용공간 – 거실, 주방, 화장실, 베란다 개인공간 -

제2조. 이용 조건

보증금	
월세	
내용	계약금은 로 한다 잔금 과 관리비 만 원은 입주일인 에 입금하기로 한다. 관리비 포함항목 : 월세는 매달 일에 입금하기로 한다 입금계좌 :

제3조. 계약 기간

본 계약은   부터   까지 유효하다.

제4조. 기타 사항

1. 현 상태의 임대이며, 추가 제공을 요하는 경우, 입주자끼리 1/N로 부담키로 한다.
2. 계약을 파기할 시 계약금은 포기로 간주한다.
3. 월세는 선불이며, 차임을 2기 이상 연체할 시 퇴실 조치가 취해질 수 있다.
4. 운영 사정에 따라 같은 방이라도 다소 금액이 다를 수 있음. 단 계약된 금액은 변동되지 않음.
5. 기본 관리비는 고정이지만 과도한 사용으로 인해 2만원을 초과할 경우 추가 금액은 1/N이 됨.
6. 중도 퇴실할 경우, 위약금이 발생하며 퇴실 이후 차기 입주자가 없는 경우 한 달 치 월세를 차감하고 보증금 반환됨. (위약금이 발생하며 장기 할인 계약 내용은 무효처리 됨)
7. 공동생활 수칙 미준수로 인해 다른 입주자에게 피해 발생 시, 경고 또는 강제퇴실 조치가 취해질 수 있다. (강제퇴실 조치에 따른 퇴실 시 중도퇴실과 같은 패널티가 부과됨.)
8. 경고 조치 또는 퇴실조치를 받았음에도 지속적인 피해를 줄 경우, 즉시 강제퇴실 조치가 취해질 수 있다.
9. 개인 공간 옵션(침대, 옷장, 책상, 의자, 스탠드, 블라인드)과 공용공간 옵션 (테이블, 식탁, 에어컨, 냉장고, 가스렌지, 전자렌지, 세탁기, 정수기, 밥솥 등) 파손 시, 파손자가 배상한다.)
만약 파손자가 누구인지 불명확할 경우 입주자 전원이 1/N로 책임을 짐.
10. 계약 후 자리 이동 의사가 있는 방이 공실이 될 경우 관리자에게 고지하여야 이동이 가능함. (의사 표시 없으면 이동 불가)
11. 계약기간 만료 1개월 전에 고지가 없으면 동일 기간 계약 연장으로 보되 계약 기간은 협의로 달리 정할 수 있다.
12. 계약 기간 만료로 퇴실할 경우 2개월 전에 고지하며, 45일 전부터 차기 입주자를 위한 방문(견학)에 적극 협조키로 한다.
13. 계약 만료가 도래함에도 연락이 되지 않을 경우, 개인 짐은 임의적으로 처분될 수 있다.
14. 보증금의 반환은 상태 및 제공 물품 파손 여부 확인 후 반환계좌로 송금됨.

본 계약의 당사자 입주자와 운영자 모두 위의 계약 사실에 동의하고 각각 서명 및 날인한다.

관리자	주소						(인)
	주민번호		전화		성명		
입주자	주소						(인)
	주민번호		전화		성명		

🏠 입주체크 및 생활규칙 안내

상식적인 규범을 바탕으로 정하되, 최대한 구체적으로 정하는 것이 좋습니다. (171페이지 참조)

그리고 마지막으로 입주체크를 합니다. 파손된 부분, 얼룩이 있는 부분, 고장 난 부분은 없는지 확인하고 사인을 받습니다.

쉐어하우스 시설물 체크리스트

방 정보:

	시설물	확인	비고		시설물	확인	비고
공용 공간	냉장고			개인 공간	침대		
	세탁기				책상		
	가스레인지				의자		
	전자레인지				블라인드 또는 커튼		
	밥솥				스탠드		
	정수기				러그		
	와이파이				옷장		
	빨래 건조대				에어컨+리모컨		
	테이블 및 의자				방충망		
					방 열쇠		
				기타	도배상태		
					바닥상태		

☎전화번호:
관리인:
인터넷:
정수기:
보일러:

현관 비밀번호
와이파이 비번

확인날짜	
입주자 확인	

🏠 ⋮ 생활규칙

필자는 입주자들이 입주하기 전에 쉐어하우스 생활에 혹시 걱정되는 건 없는지 물어봅니다. 그러면 입주자들 각자 걱정되는 부분들을 얘기합니다. 아침에 화장실 이용시간이 많이 겹치거나 잠잘 때 시끄럽게 하지는 않을까 걱정된다는 등의 의견을 받고 필자는 그 의견을 반영하여 기본적인 생활규칙에서 단어를 조금 강조를 하거나 아예 문구를 추가하기도 합니다.

그 의견을 반영했다고 일방적으로 이것대로 지켜달라고 얘기하기보다 번거롭더라도 입주자들끼리 모였을 때 협의를 통해 생활규칙에 구체적인 시간을 정하게 하고 혹시나 추가하면 좋을 법한 규칙은 없는지 다시 확인합니다.

표준 생활수칙을 만들어 이대로만 지켜달라고 얘기하는 것과 피드백을 거친 생활수칙 중 어떤 게 나중에 말이 덜 나올까요? 당연히 후자입니다. 물론 입주자들 모두 쉐어하우스가 처음이라 잘 몰라서 터무니없이 규칙을 정할 순 있습니다. 그럴 땐 어떤 문제가 발생할 여지가 있으므로 다른 제안을 제시해서 무조건적인 수용보다는 상황에 맞게 적정한 선을 지켜주는 게 좋습니다.

물론 관리자 입장에선 통일된 생활수칙을 만들어 전달하는 게 편하겠지만 나중을 위해 번거롭더라도 본인들 의견에서 나오게 하는 게 중요합니다. 따라서 생활규칙을 그대로 하기보다 피드백을 한 번 거쳐 적용하면 입주자들 서로에게 도움이 될 것입니다.

🏠 ⋮ 퇴실

　기존 입주자의 퇴실날짜와 새로 들어오는 입주자의 날짜가 겹친 경우 보통 점심 전에는 퇴실할 것을 전달하고 새로 오는 입주자에겐 점심이후에 입주하라고 합니다. 만약 퇴실자가 개인 사정상 늦게 퇴실을 해야한다고 하면 새로운 입주자와 미리 시간 조율을 해놓습니다.　그리고나서 입주했을 때 작성한 체크리스트를 참고하여 파손되거나 고장 유무를 살펴서 공제할 것들은 없는지 계산을 합니다. 이때 필자는 너무 심하게 손상이 간 게 아니라면 그동안 거주하신 거에 감사한 마음으로 공세를 하시 않는 편입니다. 만약 운영자가 지방에 있을 때 입실자가 급하게 중도퇴실하는 경우처럼 당일 시설물 체크가 어려운 것을 대비하여 계약서 내용에 미리 퇴실날 보증금 정산을 하는 게 아닌 3일이내에 이상유무를 확인하고 정산한다는 점을 말해둡니다.　그리고 운영자가 직접 퇴실 확인을 못할 때는 정리를 제대로 안하거나 자신의 짐을 놔두고 가는 경우가 있어 퇴실자에게 짐을 다 뺀 이후 방 사진, 냉장고, 자신의 수납 공간을 사진을 찍어서 전송하라고 합니다.

5 쉐어하우스 생활 규칙

모든 공용공간

- 공용물품은 사용한 뒤 바로 놔둡니다.
- 공용공간에 개인 물품을 놓고 다니지 않습니다.
- 외부인의 방문은 금합니다(단, 가족들은 단톡방에 고지하고, OO시 이전
  에는 퇴실하셔야 합니다).
- 현관문, 방문, 화장실 문, 주방 서랍장 문을 닫는 소리나 발소리는 크게 내
  지 않습니다.
- 일주일에 두 번 이상 돌아가면서 청소합니다.
- 현관에 신발은 각자 1켤레씩만 놔둡니다.
- 밤 OO시 이후에 대화할 때는 최대한 조용히 말하도록 합니다.

주방 사용 규칙

- 가스레인지 사용 후 밸브를 잠급니다.
- 공용 식기구를 사용할 경우 바로 설거지를 하고 그릇에 이물질 없게 깨끗
  이 닦습니다(컵도 마찬가지).

- 취사 후 환기를 하고 주변에 음식물이 튄 자국은 없는지 확인하고, 있으면 닦아주세요.
- 취사는 밤 OO시까지 마무리합니다.
- 설거지는 밤 OO시까지 마무리하고 배수구에 음식물이 있으면 벌레가 생길 수 있으니, 배수구도 정리해줍니다.

화장실 이용

- 세면대에 머리카락은 버리지 않습니다.
- 머리카락이 배수구에 쌓이지 않게 주기적으로 빼줍니다(변기 청소와 배수구 청소는 돌아가면서 합니다).
- 화장실 사용 후 환기를 위해 창문은 열어놓습니다.
- 변기 사용 후에는 뒤처리를 확실히 합니다.
- 변기가 막힐 수 있으니 화장지는 조금만 버리도록 합니다(막혔을 시 출장 비용은 N분의 1입니다).
- 개인용품은 각자 선반에 올려둡니다.

개인실 또는 다인실 이용규칙

- 큰소리 또는 장시간의 통화는 자제합니다.
- 카톡이나 문자, 전화 알림은 진동이나 무음으로 해둡니다.
- 특히 2인실의 경우 알람으로 아침잠을 방해할 수 있으니, 이어폰 가능한 한 빨리 일어나서 자는 입주자에게 피해가 없도록 합니다.
- 2인실의 경우 일주일에 두 번 다른 입주자와 돌아가며 청소를 합니다.
- 퇴실하기 전 한두 달간은 다음 입주자 견학을 위해 청결한 방 상태를 유지해주세요.

가전제품 사용

- 드라이기 사용은 화장실 사용이 많은 OO~OO시 사이는 개인 방에서 사용합니다.
- 냉장고 개인 칸을 이용하며, 오래된 음식은 주기적으로 버려주세요.
- 에어컨의 온도는 26도로 맞춰놓습니다.
- 밤 OO시 이후(취침시간)에 쾌면모드로 틉니다(2인실의 경우 다른 사람이 추울 수 있기 때문).
- 리모컨은 사용 후 제자리에 놓습니다.
- 세탁기는 OO~OO시까지 사용할 수 있고 그 외에 시간에는 이용을 금합니다.
- 세탁기 사용 후 뚜껑은 열어둡니다.
- 밤 OO시 이후에 노트북이나 핸드폰 이용 시 이어폰을 끼거나 볼륨을 최대한 줄이도록 합니다.

기본적인 센스

- 다른 입주자의 택배가 오면 집안으로 넣어줍니다.
- 반품하는 물품은 다른 색상의 테이프를 사용하거나 단톡방에 알려줍니다.
- 쓰레기통에 쓰레기를 버릴 시 부피는 최대한 작게 해서 버려주세요.
- 고장 난 경우, 사진을 보내주시고 증상과 언제부터 그랬는지 등의 경위를 알려주세요.
- 정수기, 도시가스, 또는 다른 제품의 고장으로 온 AS 기사님의 방문에 협조해주세요.

- 공동체 생활을 위해, 아래와 같이 행동한 사람은 즉시 퇴실을 요청합니다.
  - 실내 흡연자, 애완동물 사육자(종류, 크기 불문), 도난 또는 무단 취식, 폭행, 고의로 기물파손

을 하고 그 밖의 관례적으로 상식 이하에 행동을 한 자

- 아래와 같은 행동을 한 사람은 경고 또는 권고 퇴실을 요청하며, 관리자
  가 언급한 이후에도 시정이 되지 않을 경우 즉시 퇴실을 요청합니다.

  - 고성방가 또는 지속적인 소음을 유발하여 다른 입주자들에게 피해를 줄 경우
  - 입주자 간 갈등을 조장한 경우
  - 입주자 외에 주민에게 피해를 끼쳐 민원이 들어올 경우
  - 청소 또는 설거지 등의 생활규칙을 어겨 다른 입주자들로부터 반복적으로 지적이 들어
    온 경우
  - 그 외에 상식 범위를 벗어난 행동을 한 경우

7장

번외

투룸으로 하는 쉐어하우스

보통 쉐어하우스를 전대로 하는 경우 대부분 쓰리룸 이상입니다. 이유는 간단합니다. 그래야 타산이 맞기 때문입니다. 1인실과 2인실을 적당히 배치하여 수익과 안정성, 이 두 마리 토끼를 잡는 게 일반적이긴 합니다. 하지만 무조건 쓰리룸 이상으로 해야 한다는 법은 없습니다.

필자가 실제로 운영하는 쉐어하우스를 예로 들어보겠습니다. 필자의 경우 집을 알아보는 기준이 높다 보니 그당시 쓰리룸은 마땅한 매물이 없었습니다. 그러다 부동산 사장님이 괜찮은 투룸이 있다고 해서 속는 셈치고 한번 보러간 적이 있습니다.

사실 일반적인 월세 시세로 투룸에 1인실을 2개나 1인실 1개 2인실 1개로 배정하여 2~3명의 입주자를 받게 되면 이 역시도 타산이 맞지 않습니다. 보통 쓰리룸으로 운영하는 쉐어하우스와 마찬가지로 4명 정도를 받아야 하는데 물론 그렇게 될 경우 수익은 늘어나지만, 아무래도 1인실 없이 2인실로만 운영하는 것은 사실 상당히 부담스러웠습니다. 하지만 그 집은 역세권인 데다가 대학교 부근이었고 집주인이 모두 수리해준다고 해서 그곳을 계약하게 됐습니다.

투룸은 대체로 보증금과 월세가 쓰리룸보다 적게 들어갑니다. 그래서 만실이 됐다고 가정했을 때, 투자 대비 수익도 쓰리룸보다 상대적으로 좋은 편입니다. 하지만 보통 쓰리룸의 경우 수요가 많은 1인실의 역할은 월세에 대한 부담을 많이 없애주는 안전장치인 셈인데 그 역할의 부재는 운영자가 고스란히 부담하게 됩니다. 따라서 수요가 확실히 있고 차질 없이 진행되는지 꼭 체크해야 합니다. 하지만 필자는 안타깝게도 계획대로 되지 않아 처음에 고생 좀 했습니다.

그 쉐어하우스는 대학생을 대상으로 할 계획이라 2월 20일쯤 전에 오픈하려고 했습니다. 2월 초에 기숙사 발표가 끝나기 때문에 학생들의 문의가 정말 많았습니다. 하지만 예상치 못한 누수로 인해 공사 일정이 지연되고 당연히 오픈 날짜도 지나버렸습니다. 생각했던 시기보다 일주일 이상 지연되었고, 시기가 시기인 만큼 빨리 집을 구해야 하는 대학생 입주자에게는 언제 오픈이 될지 확답을 못 드리는 기간이 꽤 긴 시간이었을 것입니다.

문의가 정말 많이 왔지만 결국 공사가 다 마무리된 2월 말에는 한 명 빼고는 없었습니다. 그제야 저는 정신없이 부랴부랴 여러 플랫폼에 광고를 올렸고 다행히도 해당 지점은 필자가 운영하는 쉐어하우스 중 인테리어에 가장 많이 신경 쓴 지점 중 하나이다 보니, 반응이 좋았고 학기가 시작되면서 통학에 불편함을 느낀 학생이 하나둘씩 문의가 와서 걱정했던 것보다 빨리 만실이 됐습니다.

투룸으로 운영하는 게 처음이라 걱정이 많았고 고생도 좀 했지만 지나고 보니 운이 좋게도 아래 몇 가지 조건을 갖추었기 때문에 만실로 운영할 수 있었던 것 같습니다.

1. 수요가 확실하고 좋은 위치여야 합니다.

2. 인테리어가 다른 지점보다 더 경쟁력이 있어야 합니다.

3. 예상 입주자들의 적정 입주 시기를 파악해야 합니다.

추가로, 독자들은 저와 같은 고생을 하지 않길 바라며, 당부의 말을 전하자면 어떤 변수가 일어날지 모르니 일정을 너무 촉박하게 계획하지 않기를 바랍니다. 만일 혹시 모르는 하자가 발생하면 쉽게 모집할 수 있는 날짜에 애태우며 공사를 기다릴 수밖에 없으니 개강 2~3주 전에는 완벽히 오픈 준비를 하는 걸 추천합니다.

남자 쉐어하우스 vs. 여자 쉐어하우스

　필자가 처음 쉐어하우스를 운영할 때는 남성 쉐어하우스를 선택했습니다. 제가 같이 거주하면서 운영하기 위해 남성 쉐어하우스로 선택한 것이지만, 만약 이런 경우가 아니라면 아마 쉐어하우스 운영 시작 전에 '어떤 성별을 대상으로 쉐어하우스를 운영할까?' 고민을 많이 할 것입니다. 성별에 따라 인테리어 컨셉도 달라지고 그에 따라 들어갈 옵션도 바뀌며 집을 구하는 조건도 달라지기 때문입니다. 그래서 어떤 성별의 쉐어하우스로 할지 먼저 정하고 집을 구하는 사람이 있는가 하면, 집을 구하는 것을 보고 거기에 맞춰서 정하는 사람도 있습니다. 사실 정답은 없습니다. 하지만 필자는 현재 남성과 여성 쉐어하우스를 모두 운영하고 있으니 이번 장에서는 운영 과정에서 느꼈던 걸 객관적인 입장에서 비교하여 각 쉐어하우스의 특징들을 나열해 보도록 하겠습니다.

🏠 ┊ 남성 쉐어하우스의 장점

　1. 우선 남성 쉐어하우스는 관리가 매우 편합니다. 한번 계약하면 필자가

볼일이 있어 연락하지 않는 이상 연락이 오는 경우가 거의 없습니다. 고장 난 게 있으면 중요도에 따라 거기에 적응하거나 간단한 거라면 직접 고치기도 합니다. 불편한 건 없는지 물어보더라도 이미 적응한 뒤라 딱히 말해주지 않습니다. 따라서 방문할 일이 있을 때 고장 난 것은 없는지 살필 필요가 있습니다.

2. 집으로 가는 경로가 어둡거나 건물의 외관이 허름하더라도 계약하는 데 크게 영향을 주지 않습니다. 아무래도 남성분이다 보니, 여성들에 비해 보안에 덜 민감한 편입니다.

3. 인테리어 감각이 떨어진다고 하더라도 제품의 기능만 문제없다면 크게 상관하지 않습니다.

/단점/

많은 장점이 있는 반면, 단점이 하나 있습니다. 쉐어하우스 특성상 아무래도 여성들의 수요가 더 많다 보니 남성 쉐어하우스의 문의량은 많지 않은 편이고 그렇기 때문에 공실에 대한 리스크도 있는 편입니다. 따라서 입지와 마케팅에 신경 써야 합니다.

이처럼 관리가 매우 편하고, 집 고르는 과정이나 꾸미는 과정이 까다롭지 않아도 되지만, 문의량이 적다는 단점이 있어서 편할 것만 생각해서 남자 쉐어하우스를 택하기보단 해당 지역의 쉐어하우스 시장과 마케팅 현황을 보고 결정하는 것을 추천합니다.

🏠 ⋮ 여성 쉐어하우스의 장점

쉐어하우스 특성상 여성의 수요가 많다 보니 문의 역시 남자에 비해서 많이 들어와 계약도 쉽게 되고, 만실도 금방 되는 편입니다. 따라서 운영자 입장에서는 공실 위험의 부담이 없습니다.

/단점/

남성들과는 달리 인테리어 할 때 섬세한 센스가 필요하고 관리에 손이 좀 가는 편이라 신경을 써야 합니다. 또한, 집을 구할 때, 골목길이 있는지 주변은 어떤지 위치에 관한 면도 간과하면 안 됩니다. 아무래도 여성이다 보니 구두를 신어야 해서 안정상 다소 지대가 험난하거나 늦은 시간에 귀가 하는 여성들을 생각해서 으슥한 분위기의 위치도 피해야 하므로 조건에 제약이 있는 편입니다.

이렇게 각 쉐어하우스마다 장단점이 분명하기 때문에 결론적으로 어느 것이 더 낫다고 추천할 수는 없습니다. 하지만 위 사항들을 충분히 고려해서 운영자 성향에 맞게 선택한다면, 더욱 수월하게 운영할 수 있을 겁니다.

	남성 쉐어하우스	여성 쉐어하우스
특징	관리가 편하다는 장점은 있지만, 건물 외관과 인테리어가 상대적으로 조금 부족하더라도 계약률에는 영향이 적은 편이다. 하지만 쉐어하우스 특성상 남성의 문의량이 적다.	입주자들이 여성이다 보니, 집으로 오는 동선의 주변 환경도 중요하다. 또한, 인테리어에 세세한 주의가 필요하지만, 문의량이 압도적으로 많아 만실까지 비교적 수월한 편이다.

1년 동안 6개를 확장하며 겪은 시행착오

처음엔 아무리 정신을 바짝 차린다고 해도 사람이다 보니 실수하기 마련입니다. 필자도 역시 그런 과정을 거쳤고 매우 황당한 실수를 하기도 합니다. 물론 그때보다 경험도 쌓이고 열심히 준비하지만 지금도 가끔 실수합니다. 부끄럽지만 이런 저의 시행착오가 여러분의 반면교사가 되어서 시간을 아끼는 데 도움이 됐으면 하는 바람에 몇 가지 공개하겠습니다.

🏠 커튼 설치

보통 커튼의 원단은 창문 길이의 1.5배에서 2배까지 재단하여 설치하는 게 정석입니다. 그래야 펼쳤을 때 주름이 이쁜 모양으로 잡힙니다. 만약 똑같은 길이로 한다면 커튼을 펼쳤을 때 상당히 밋밋하고 이상한 느낌이 연출됩니다.

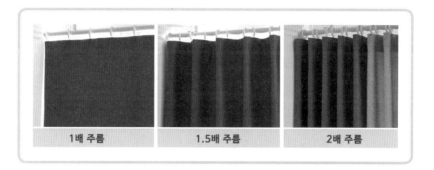

| 1배 주름 | 1.5배 주름 | 2배 주름 |

필자는 항상 여기에 익숙해져서 2층 침대에 암막 커튼을 설치할 때도 평상시처럼 원단을 더 길게 재단하여 설치했습니다. 물론 펼쳤을 때 이쁘긴 하지만 커튼을 쳤을 때 그 틈 사이로 불빛이 새어 들어와 암막의 효과가 많이 떨어졌습니다.

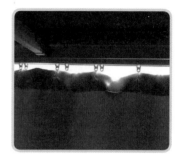

커튼을 2층 침대에 달아줄 계획이라면, 길이에 딱 맞게 재단하여 설치하는 것을 추천합니다.

🏠 페인트칠

보증금이 적은 곳을 구하다 보니 어쩔 수 없이 어느 정도 연식이 된 빌라를 계약할 수밖에 없었습니다. 연식이 좀 지났기 때문에 광고할 때 입주자의 반응과 계약이 나오게 하려면 페인트칠 작업이 불가피합니다. 만약 페인트칠 작업을 택했다면, TV에서 봤던 것처럼 쉬운 작업이 아니라 금방 피로도가 쌓여 나중에는 대충 칠하게 됩니다. 하지만 그렇게 칠하면 어떤 부분에는 많이 칠하게 돼서 눈물 자국이 생기게 되니, 작업의 완성도를 위해 천천히 발라야 합니다. 이미 눈물 자국이 난 경우라면 사포로 표면을 정리하고 다시 페인트를 발라주면 됩니다.

🏠 : 경첩 교체

문과 문틀이 오래돼서 페인트칠할 겸 경첩도 새것으로 바꾸는 게 좋을 것 같아 교체한 적이 있습니다. 간단해 보였지만 생각보다 너무 힘들었고 요령이 없으면 둘이서 해도 힘든 작업 중 하나였습니다. 목수 작업 중에 문 작업이 난도가 높다는 말을 들은 적이 있는데 이 작은 경첩 교체만으로도 체감할 수 있었습니다. 잘못 끼웠다간 잘 닫히지도 않고 노동 대비 효과도 큰 작업이 아니기 때문에 해본 경험이 없다면 하지 않는 걸 추천합니다.

🏠 : 마스킹 테이프 요령

페인트칠하기 전, 원하는 부분에만 칠하고 나머지 부분에 칠이 되는 것을 방지하기 위해 마스킹 테이프를 붙입니다. 페인트가 바싹 말라버리면 나중에 뜰 때 벽지도 같이 뜯어지는 일이 생깁니다. 특히 합지로 된 벽지일 경우 더 빈번하게 일어납니다. 따라서 페인트 작업이 끝나고 적당히 말랐다 싶을 때 마스킹 테이프를 떼야 깔끔하게 마감됩니다. 만약 접착성분이 있어 벽지와 같이 떨어질 것 같다면 헤어드라이기로 열을 가해서 테이프의 접착력을 줄인 뒤 떼어내면 더욱 깔끔해집니다.

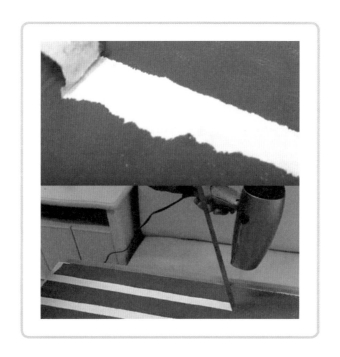

🏠 싱크대 교체 문고리 교체

싱크대의 손잡이만 교체해도 분위기가 꽤 달라집니다. 하지만 색이 조금 변색 된 싱크대라면 손잡이를 교체할 때 조금 더 고려해볼 필요가 있습니다. 사이즈만 맞춰서 구매했다가 떼보니 이렇

게 자국이 나버려 웃지 못할 상황이 되어버렸습니다.

만약 비슷한 경우에 분위기를 바꿔주고 싶다면 손잡이를 해체하고 락커 칠로 색상을 바꿔주는 것도 좋은 방법이라고 생각합니다.

확산형과 집중형 조명

인테리어 하면서 천장 등을 레일등으로 교체한다면, 조명의 타입을 집중형과 확산형, 이 두 가지 중 하나를 선택해야 합니다. 이때 필자는 아무것도 모르고 백색의 집중형을 구매했는데 죄수들이 상상되는 그런 작업이 돼버렸습니다. 따라서 조명은 특정 위치를 집중해서 비춰야 하는 게 아닌 이상 확산형 조명을 추천합니다.

절대 불패, 끝까지 살아남는 마인드

쉐어하우스는 다른 부동산 투자상품들보다 수익률도 매우 높은 편이고 비용 면에서 투자금이 많이 들지 않아 많은 일반인들도 매력적인 재테크 수단으로 보고 있는 사업입니다. 그뿐만 아니라 쉐어하우스는 높은 월세 부담으로 인해 일명 지옥고(반지하, 옥탑방, 고시원) 같은 주거환경이 취약한 곳에서 생활하고 있는 현재 20~30대들의 주거문제를 해결해주는 공익 사업 성도 띠고 있어서 정부가 지원해주고 장려하기 때문에 대기업에서도 속속 진출하고 있는 상황입니다.

제가 처음 쉐어하우스에 관심을 두게 된 이유는 솔직히 말하자면 여느 사람들과 다르지 않게 수익 때문이었습니다. 그렇지만 쉐어하우스가 이렇게 늘어가고 있는 걸 보고 있자면 필자는 참 운이 좋다고 생각합니다. 아마 혹자는 공급이 많아지면 경쟁이 치열해지는데 왜 그런지 의아해할 것입니다. 운이 좋았다는 건 다른 게 아니라 그동안 저의 운영 마인드가 바뀌었기 때문입니다.

앞서 얘기했듯이 필자는 저와 비슷한 또래들이 주거비로 인해 힘들어하는 것을 보고 발 벗고 나서 해결해야겠다는 영웅적인 면모와 거리가 멉니다. 저 역시도 마찬가지로 제 앞길이 불투명했고 매달 수입이 일정치가 않아서 불안한 상황 속에 아등바등했던 사람 중 하나였으니까요.

앞 장에서는 제가 쉐어하우스를 이해하기 위해 거주하면서 운영했다고 했지만 사실 진짜 이유 한 가지를 추가하자면 저 역시도 살 곳을 구해야 했습니다. 출퇴근이 3시간 넘는 거리여서 직장 근처에 집을 알아봐야 했는데 급여도 일정치가 않아 전세자금 대출이 나오지 않았습니다. 만약 제가 고정 급여를 받아서 전세대출을 받았다면 아마 살아본 적 없는 쉐어하우스 사업을 이렇게 무모하게 시도하지 않았을 것입니다. 하지만 그 조건이 되지 않아 어쩔 수 없이 월세를 알아보게 됐고 월세를 아낄 수 있는 방법을 모색하다 결국 쉐어하우스를 창업하게 되었습니다.

그렇게 무모하게 시작한 쉐어하우스에 인테리어를 하면서 꾸며지는 과정에서 느낀 성취감이 매우 컸습니다. 예전이라면 어차피 내 집도 아니고 얼마 있으면 떠날 곳이라는 생각하며 굳이 꾸밀 생각도 하지 않았겠지만, 그 당시에는 인테리어가 수익과 직결되는 충분한 명분이 있었기 때문에 다른 사람과 비교해보면서 하나하나 참고하고 배우기 시작했습니다. 그렇게 고생하며 힘들게 꾸민 집을 보고 만족해하는 사람들을 보니 저도 모르게 즐거움을 느끼게 되었고 동시에 재테크 목적으로 시작한 마인드가 점점 바뀌기 시작했습니다.

무사히 1호점을 만실하고, 2호점 오픈을 준비할 때는 손님이 현관문을 열자마자 감동시켜야겠다는 목표로 누가 시키지도 않았는데도 욕심을 내면서 더 디테일하게 인테리어에 신경 썼습니다. 그로 인해 인테리어 수준도 많이 올라갔던 것 같습니다.

덕분에 입주자분도 만족해하고 그 모습을 보고 저역시 보람을 느끼며 의도치 않게 선순환이 되었습니다. 그래서 그 이후에 오픈하는 것 역시 수익보다는 입주자들의 만족감을 위해 꾸미다보니 자연스레 만실이 되는 것도 어렵지 않았습니다.

　운이 좋게도 선순환이 되었고 보람을 느끼면서 하다보니 만실이 되는 것도 어렵지 않아졌습니다.

　이제 저의 쉐어하우스의 목표는 입주자들이 쉐어하우스를 지옥고의 대안으로 오는 게 아닌 정말로 들어오고 싶어서, 제 쉐어하우스를 선택해서 생활하는 거주공간으로 만들고 싶습니다. 쉽게 말해, 고시원 가격으로 프리미엄의 시설을 누리게 하고 싶습니다. 물론 그게 쉽지 않을 거란 걸 잘 알지만 계속해서 그 방법을 강구하고 더 좋은 쉐어하우스를 만드는 데 노력을 아끼지 않을 것입니다. 그 때문인지 사실 시장이 과열되는 걸 크게 신경 쓰지 않습니다. 예전 같았으면 제 수익을 걱정했겠지만, 지금은 오히려 쉐어하우스의 질적 수준이 올라가서 입주자들에게 더 다행이라는 생각을 하게 됩니다.

　쉐어하우스는 앞으로 점점 더 관심을 가지고 보는 사람들이 많아지면서 예전보다 더 경쟁이 치열해지는 상황입니다. 따라서 당장 쉐어하우스의 수익률이 매력적이라는 말만 듣고 쉽게 쉐어하우스 사업 전선에 뛰어든다면 아마 준비하는 과정에서 제풀에 지칠 수도 있습니다. 어쩌면 지금은 공실이 없어서 우스갯소리로 넘길 수는 있겠지만, 계속 공급이 증가하면서 지금보다 경쟁이 더 치열해지면 예상만큼 기대했던 수익이 나지 않을 것입니다. 이제는 점점 쉐어하우스의 공급이 늘면서 싸고 좋은 집들이 나오게 될 것입니다. 그런데 이때도 다른 쉐어하우스와 비교해서 경쟁력과 차별점이 없으면 그 쉐어하우스가 시장에서 도태될 것은 불 보듯 뻔한 수순입니다.

　그러나 이 시장의 잠재력은 더욱 큽니다. 단기적으로 수익을 내려고 하기보다 조금 더 멀리 바라본다면, 꽤 큰 성취감, 만족감을 느낄 수 있을 것입니다. 처음이라 잘 모르더라도 이 마인드만 가지고 있다면 그것 자체만으로도 이미 경쟁력을 갖게 된 것이고, 강한 무기를 가진 게 아닐까 생각합니다.